Saskia Gießen

Hiroshi Nakanishi

# Power BI Desktop

*Eine kompakte Einführung für Excel-User*

Saskia Gießen

Hiroshi Nakanishi

# Power BI Desktop

*Eine kompakte Einführung für Excel-User*

© 2024 Saskia Gießen / Hiroshi Nakanishi Köln, Deutschland

saskiagiessen.de

# Inhaltsverzeichnis

# Vorwort

Dieses Buch richtet sich an alle Excel-Anwender, die sich einen Überblick zu **Power BI Desktop** verschaffen möchten. **Power BI Desktop** ist ein eigenständiges Programm und gehört zu **Power BI**, welches eine Gruppe von mehreren Anwendungen zum Thema **Business Intelligence** bildet.

Sie erfahren, wie Sie Daten aus verschiedenen Quellen abrufen, daraus ein Datenmodell erstellen und mit wenigen Klicks eindrucksvolle Berichte erzeugen. Danach sind Sie nur noch einen Schritt von der Freigabe und der Veröffentlichung in der Cloud entfernt oder Sie geben Ihre Berichte im PDF-Format aus. Nachdem das Datenmodell einmal hochgeladen ist, können Sie die interaktiven Berichte anderen Benutzern zur Verfügung stellen.

Excel-Anwender mit Kenntnissen in Power Query und Power Pivot werden sich in Power BI Desktop an manchen Stellen gleich zu Hause fühlen, denn viele Komponenten sind in gleicher oder ähnlicher Form enthalten.

Die Beispieldateien zum Ausprobieren sowie weitere Informationen können Sie über den Link **Bücher** auf unserer Seite saskiagiessen.de herunterladen.

Die Abbildungen in diesem Buch beziehen sich auf die Power BI Desktop-Version, die im 1. Quartal 2024 von Microsoft zur Verfügung gestellt wurde.


Köln, im Mai 2024


Saskia Gießen

Hiroshi Nakanishi

# 1 Ein Überblick über Power BI Desktop

Mit Power BI Desktop erstellen Sie mit wenigen Klicks eindrucksvolle Auswertungen. Die folgende Abbildung zeigt die Oberfläche mit einer Berichtsseite.

In Power BI Desktop erzeugen Sie die Datengrundlage für die grafischen Auswertungen. Die Daten für das Datenmodell können aus den unterschiedlichsten Quellen geladen und in Beziehung zueinander gesetzt werden. Im Anschluss wählen Sie die passende Visualisierung aus. Damit haben Sie das Datenmodell und den Bericht, der über mehrere Berichtsseiten gehen kann, erstellt. Den fertigen Bericht können Sie in die Cloud hochladen und von dort verteilen oder im PDF-Format ausgeben.

Abbildung 1-1: Eine Berichtsseite in Power BI Desktop

Mit dem Befehl **Veröffentlichen** laden Sie den Bericht in die Cloud. Microsoft stellt Ihnen mit **Power BI** eine Plattform zur Verfügung, Ihre Daten ins Internet hochzuladen. Dabei können Sie die Art der Verteilung in PowerPoint als Link in einer E-Mail oder als Inhalt auf einer Webseite selbst festlegen.

Eine weitere Variante des Veröffentlichens ist das Erstellen eines Dashboards. Dabei können Sie entscheiden, welche Elemente auf das Dashboard kommen.

# 1.1 Aufbau des Buches

In diesem Buch erhalten Sie Informationen zu den folgenden Themen

- **Power BI Desktop**
  - Überblick und Installation
  - Daten abrufen und bearbeiten
  - Beziehungen zwischen Tabellen setzen
  - Weitere Spalten erstellen und DAX-Funktionen einsetzen
  - Berichtsseiten mittels Visuals erstellen
  - Weitere Visuals hinzufügen
- **Power BI**
  - Berichte in die Cloud hochladen und veröffentlichen
  - Zugriff auf Berichte an andere Personen weitergeben
  - Dashboards erstellen und freigeben

# 1.2 Power BI Desktop installieren

Um mit Power BI Desktop arbeiten zu können, müssen Sie die Anwendung auf Ihrem Computer installieren. Laden Sie dazu Power BI Desktop von der offiziellen Microsoft-Seite herunter.

- Starten Sie Ihren Browser und geben Sie die folgende Adresse ein:

```
powerbi.microsoft.com
```

- Am Listenfeld **Produkte** klicken Sie auf den Eintrag **Power BI / Desktop**.

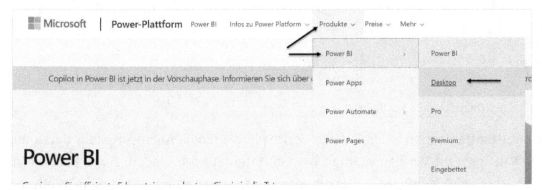

Abbildung 1-2: Die Wahl des Produkts

- Klicken Sie auf dem Link **Download- und Sprachoptionen ansehen**.

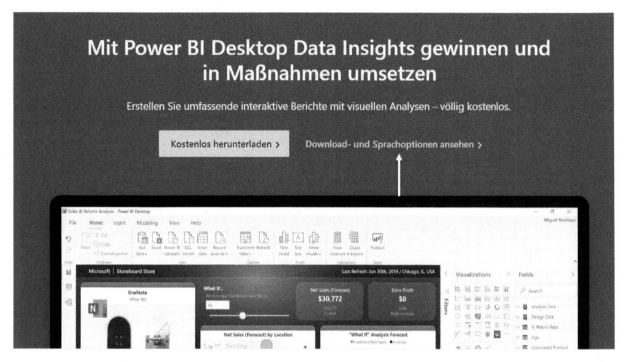

Abbildung 1-3: Die Download-Seite von Power BI Desktop

- Klicken Sie auf den Link **Download- und Sprachoptionen ansehen.** Nun können Sie Sie Sprache und anschließend zwischen der 32-Bit bzw. 64-Bit Version wählen.

In diesem Buch haben wir German mit der 64-Bit Version gewählt. Nun wird die entsprechende Installationsdatei herunterladen.

- Klicken Sie auf die Datei in Ihrem Downloadbereich und folgenden Sie den Anweisungen.

## 1.3 Der Power BI-Dienst

Wenn Sie Ihre Berichte in der Microsoft Cloud veröffentlichen möchten, benötigen Sie ein Geschäfts-, Schul- oder Uni-Konto von Microsoft und den Zugriff auf den Power BI-Dienst von Microsoft. Sie erhalten eine kostenlose Testversion.

**Hinweis**: Auf meiner Webseite finden Sie eine kostenlose Anleitung, wie Sie ein Microsoft-Konto anlegen und eine detailliertere Installationsanleitung zu Power BI Desktop.

```
powerbi.microsoft.com
```

Die veröffentlichten Berichte können auf allen gängigen mobilen Geräten über die verfügbaren Apps abgerufen und angezeigt werden.

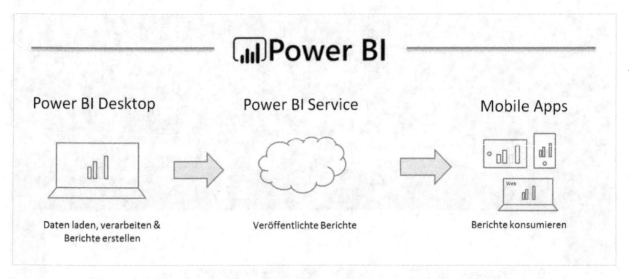

Abbildung 1-4: Die Schritte von Power BI Desktop zur Veröffentlichung im Power BI Dienst in der Cloud

## 1.4 Updates zu Power BI Desktop

Power BI Desktop wird regelmäßig von Microsoft erweitert und verbessert. Sie erfahren beim Starten der Anwendung mit diesen Hinweis, dass eine neue Version bereit liegt.

Abbildung 1-5: Der Hinweis auf ein neues Update

Wenn Sie den Hinweis übersehen haben oder er ist nicht erschienen, dann sehen Sie in der Statusleiste von Power BI Desktop unten rechts der Hinweis: **Update verfügbar**.

Abbildung 1-6: Ein neues Update ist verfügbar

Um die neue Version zu installieren, klicken Sie auf den Link und folgen Sie den Anweisungen. Sie gelangen auf eine Webseite. Blättern Sie nach unten bis zur Schaltfläche **Download Power BI Desktop**. Die restlichen Schritte wurden bereits weiter oben beschrieben.

# 2 Daten importieren

Für dieses Buch werden die Informationen, die Sie auswerten, aus vielen verschiedenen Datenquellen importiert.

Die Kundendaten liegen in einer CSV-Datei vor. Die Verkaufsdaten kommen aus Excel und liegen pro Jahr in einer Datei vor. Die Materialdaten liegen in einer Access-Tabelle und alternativ als Excel-Tabelle vor. Die Namen der Verkäufer stehen ebenfalls in einer Text-Datei. Die Informationen zu den Bundesländern kommen aus dem Internet und liegen als HTML-Datei bereit.

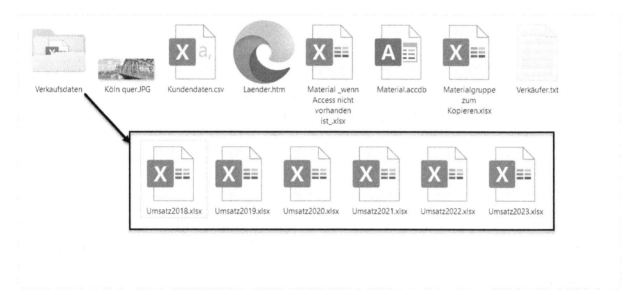

Abbildung 2-1: Diese Dateien werden gleich in Power BI Desktop importiert

Jeder Import-Vorgang wird in einer Abfrage gespeichert, sodass Sie ihn mehrfach nutzen und ggf. verändern können. Das Ergebnis ist für jede Datei eine Tabelle. Wenn an den Daten, die Sie importieren, noch gearbeitet wird, sollten Sie die Tabellen in Power BI Desktop regelmäßig aktualisieren.

## 2.1 Eine CSV importieren

Die Kundendaten liegen als CSV-Datei vor. In den ersten vier Zeilen sind Informationen zur Datei, die für den Bericht nicht gebraucht werden. Die fünfte Zeile enthält die Überschriften. Darunter befinden sich die Datenzeilen. Außerdem sind einige leere Zeilen in der Datei.

Abbildung 2-2: Diese Kundenliste im CSV-Format soll ins Datenmodell übernommen werden

- Starten Sie Power BI Desktop.
- Klicken Sie auf den Eintrag **Daten abrufen**. Damit erzeugen Sie ein neues Datenmodell. Wenn das Startfenster bei Ihnen nicht erscheint, wählen Sie **Start / Daten abrufen / Weitere.**

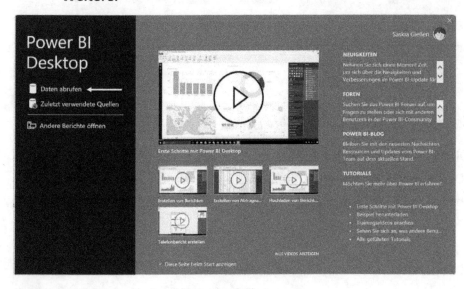

Abbildung 2-3: Eine neue Datei (Datenmodell) erzeugen

**Hinweis**: Über die Befehlsfolge **Datei / Optionen und Einstellungen / Optionen** finden Sie die Kategorie **Vorschaufeatures**. Über den Haken **Benutzerdefinierte Datenkonnektoren** lassen sich individuelle Datenformate importieren.

- Wählen Sie jetzt die Option **Text/CSV** und klicken Sie auf die Schaltfläche **Verbinden**.

**Tipp**: Sehen Sie sich doch einmal in alle Ruhe an, welche Dateitypen Sie ins Datenmodell von Power BI Desktop importieren können.

Abbildung 2-4: Nun erhalten Sie einen Überblick, welche Dateiformate Sie importieren können

- Wählen Sie die CSV-Datei **Kundendaten** aus.

Im Vorschaufenster, dessen Titel der Dateiname ist, können Sie bereits viele Einstellungen vornehmen, die Sie anschließend nicht mehr im Abfrage-Editor machen müssen.

**Hinweis**: Kontrollieren Sie hier unbedingt, ob die Umlaute richtig erkannt wurden. Sollte dies nicht der Fall sein, wählen Sie im ersten Feld **Dateiursprung** den Eintrag **850: Westeuropäisch (DOS)** oder **1252: Westeuropäisch (Windows)** aus.

Abbildung 2-5: Die ersten Daten ins Datenmodell bringen

In der Regel wird das **Trennzeichen** richtig erkannt. Sollte dies bei Ihren Dateien nicht der Fall sein, wählen Sie die korrekten Werte aus.

Für dieses Beispiel spielt die **Dateityperkennung** keine Rolle, da die ersten vier Zeilen der Datei entweder Texte enthalten oder leer sind.

- Klicken Sie auf die Schaltfläche **Daten transformieren**.

**Hinweis**: Mit einem Klick auf die Schaltfläche **Laden** hätten Sie die Datei, so wie sie ist, direkt ins Datenmodell importiert. In diesem Beispiel müssen die Daten aber noch bearbeitet werden.

Der Abfrage-Editor **Power Query** wird in einem separaten Fenster geöffnet und zeigt die Daten der CSV-Datei.

Abbildung 2-6: Der Abfrage-Editor von Power BI Desktop

Der Abfrage-Editor zeigt die Daten in der Vorschau. Alle Einstellungen und Änderungen, die Sie jetzt vornehmen, ändern **NICHT** die Originaldatei.

**Hinweis**: Wenn Sie in Excel mit Power Query gearbeitet haben, dann kommt Ihnen diese Oberfläche bestimmt bekannt vor. In Excel 2016 / 2019 / 2021 und Excel 365 entspricht der Abfrage-Editor dem Befehl **Neue Abfrage** auf der Registerkarte **Daten**.

# Die Bildschirmelemente des Abfrage-Editors

Mithilfe der fünf Registerkarten **Start**, **Transformieren**, **Spalte hinzufügen**, **Ansicht** und **Extras** können Sie die abgerufenen Daten bearbeiten.

Im **Navigationsbereich** links sehen Sie alle Abfragen des Datenmodells. Sie können die Anzeige mit einem Klick auf das Symbol ⟩ erweitern bzw. mit dem Symbol ⟨ reduzieren.

Im **Abfrageeinstellungsbereich** ganz rechts können Sie im Feld **Name** Ihrer Abfrage einen aussagekräftigen Namen geben. Im Bereich **Angewendete Schritte** sehen Sie jeden Befehl, den Sie bzw. der Abfrage-Editor durchgeführt haben. Zurzeit haben Sie die CSV-Datei ausgewählt (**Quelle**) und der Abfrage-Editor hat in diesem Beispiel jeder Spalte den Datentyp **Text** zugewiesen (**Geänderter Typ**).

In der **Statusleiste** erkennen Sie, wie viele Spalten und Zeilen abgerufen wurden. Direkt über der Statusleiste sehen Sie den Inhalt der oben markierten Zelle. Wenn Sie eine ganze Spalte markieren, verschwindet dieser Bereich.

Abbildung 2-7: Die einzelnen Bereiche des Abfrage-Editors

- Über die Befehlsfolge **Ansicht / Bearbeitungsleiste** blenden Sie die Bearbeitungsleiste ein bzw. aus. In ihr sehen Sie den Befehl, der im Abfrageeinstellungsbereich markiert ist. Über die kleine Schaltfläche rechts in der Bearbeitungsleiste vergrößern oder verkleinern Sie die Anzeige.

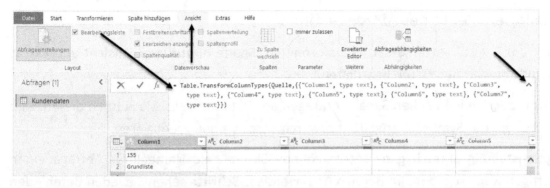

Abbildung 2-8: Die Bearbeitungsleiste einblenden

Die nützlichen Befehle **Spaltenverteilung** und **Spaltenqualität** werden weiter unten beschrieben.

## 2.2 Die Daten bearbeiten

Jetzt können Sie die abgerufenen Daten bearbeiten. Alle Befehle, die Sie für die nächsten Schritte benötigen, finden Sie auf der Registerkarte **Start**. Der Vollständigkeit halber möchten wir darauf hinweisen, dass Sie viele Befehle natürlich auch im Kontextmenü der rechten Maustaste und an dem Symbol ⊞▾ über der Zeile 1 und links von der ersten Spalte finden.

**Hinweis**: Beachten Sie, dass alle Bearbeitungsschritte, die Sie im Abfrage-Editor machen, in einer Kopie Ihrer Daten durchgeführt werden. Die Originaldaten werden NICHT verändert!

### Erste Zeilen entfernen

In diesem Arbeitsschritt sollen die ersten vier Zeilen gelöscht werden.

- Wählen Sie die Befehlsfolge **Start / Zeilen verringern / Zeilen entfernen / Erste Zeilen entfernen**.
- Geben Sie ins Feld **Anzahl von Zeilen** für dieses Beispiel eine **4** ein.

Abbildung 2-9: Die ersten vier Zeilen der Datenliste entfernen

- Bestätigen Sie mit **OK**.

Jetzt sind die ersten vier Zeilen entfernt. In der Vorschau rutschen alle restlichen Zeilen nach oben. Im rechten Bereich **Angewendete Schritte** erkennen Sie Ihren Befehl **Entfernte oberste Zeilen**.

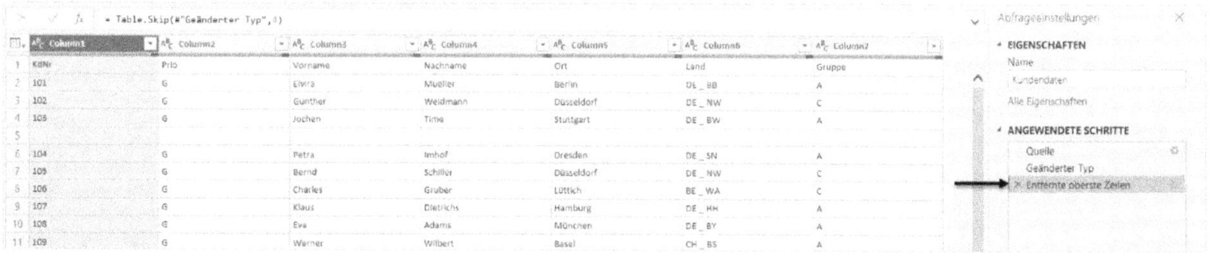

Abbildung 2-10: Ihre Bearbeitungsschritte werden protokolliert

Mit einem Klick auf das Symbol ✕ vor dem Befehl **Entfernte oberste Zeilen** können Sie diesen Befehl wieder ungeschehen machen. Mit einem Klick auf das Zahnrad ⚙ können Sie die Anzahl der entfernten Zeilen korrigieren.

## Die erste Zeile als Spaltentitel wählen

Im zweiten Schritt können Sie mit einem Befehl den Inhalt der ersten Zeile in die Spaltentitel übernehmen. Standardmäßig beschriftet der Abfrage-Editor in diesem Beispiel die Spalten mit **Column1**, **Column2**, usw.

- Wählen Sie die Befehlsfolge **Start / Erste Zeile als Überschriften verwenden**.

Abbildung 2-11: Die Spaltentitel aus der ersten Zeile übernehmen

Jetzt ist die erste Zeile der Tabelle in die Überschriften gerutscht. Im rechten Bereich **Angewendete Schritte** heißt dieser Befehl **Höher gestufte Header**. Zeitgleich wurden den Spalten passende Datentypen zugewiesen. So hat z. B. die erste Spalte den Datentyp **Zahl** und die zweite Spalte den Datentyp **Text** erhalten. Diese Aktion wird im Schritt **Geänderter Typ1** dokumentiert. Im übernächsten Abschnitt werden die Datentypen vorgestellt.

# Die leeren Zeilen löschen

Im nächsten Schritt sollen alle leeren Zeilen entfernt werden.

- Wählen Sie die Befehlsfolge **Start / Zeilen verringern / Zeilen entfernen / Leere Zeilen entfernen**.

Abbildung 2-12: Die leeren Zeilen entfernen

Von 74 Zeilen verringert sich die Anzahl der Zeilen auf 70. Diese Werte können Sie in der Statuszeile verfolgen.

## Die Datentypen der Spalten anpassen

Der Abfrage-Editor hat nun allen Spalten Datentypen zugewiesen. Sie erkennen dies am Symbol oben links in jedem Spaltentitel. Im Bearbeitungsschritt **Geänderter Typ1** wird das automatische Ändern der Datentypen auch gezeigt.

| | $1^2_3$ KdNr | $A^B_C$ Prio | $A^B_C$ Vorname |
|---|---|---|---|
| 1 | 101 | G | Elvi |
| 2 | 102 | G | Gunthe |
| 3 | 103 | G | Jochen |
| 4 | 104 | G | Petra |
| 5 | 105 | G | Bernd |
| 6 | 106 | G | Charles |
| 7 | 107 | G | Klaus |

Abbildung 2-13: Hier erkennen Sie den Datentyp für jede Spalte

Damit Sie später Ihre Auswertungen durchführen können, sollten Sie zu Beginn Ihrer Arbeit für jede Spalte den richtigen Datentyp wählen.

**Hinweis**: Es gibt noch zwei weitere Wege, den Datentyp für die markierte Spalte zu ändern. Zum einen finden Sie auf der Registerkarte **Start** in der Gruppe **Transformieren** den Befehl **Datentyp**. Zum anderen gibt es im Kontextmenü der rechten Maustaste den Befehl **Typ ändern**.

- Klicken Sie in der ersten Spalte **KdNr** auf das Symbol $^1{}_23$ .

- Sehen Sie sich die Datentypen an, die Ihnen zur Verfügung stehen.

Abbildung 2-14: Diese Datentypen bietet Ihnen der Abfrage-Editor zur Auswahl an

- Wählen Sie zu Testzwecken den Eintrag **Datum** aus.

Sofort wird der Inhalt der ganzen Spalte im Datumsformat gestaltet. Sie erkennen dies zum einen am Datum und zum anderen am 🗓 Kalendersymbol im Spaltenkopf.

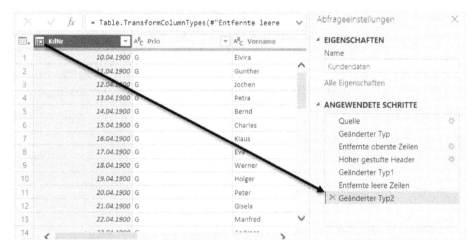

Abbildung 2-15: Alle Einträge in der Spalte KdNr werden im Datumsformat gezeigt

An der kursiven Darstellung der Werte erkennen Sie, dass Sie am Datentyp eine Änderung durchgeführt haben.

- Klicken Sie in der Liste **Angewendete Schritte** vor dem letzten Schritt **Geänderter Typ2** auf das Symbol ✕, um den letzten Schritt wieder zu entfernen.

## Spalten löschen

Für Ihre Arbeit benötigen Sie die Spalten **Prio** und **Gruppe** nicht.

- Markieren Sie mit gedrückter $\boxed{\text{Strg}}$-Taste die Spalten **Prio** und **Gruppe**.
- Drücken Sie die Taste $\boxed{\text{Entf}}$.

Abbildung 2-16: Markierte Spalten aus dem Import entfernen

## Daten der Spalte Land trennen

Im letzten Schritt sollen die Inhalte der Spalte **Land** getrennt werden. Sie hätten gerne eine Spalte mit den Länderkürzeln **DE**, **BE** und **CH** und eine Spalte mit den einzelnen Bundeslandkürzeln dahinter. Zurzeit stehen diese noch zusammen und werden durch den Unterstrich und Leerzeichen getrennt.

- Klicken Sie mit der rechten Maustaste auf den Spaltentitel **Land** und aktivieren Sie die Befehlsfolge **Spalte teilen / Nach Trennzeichen**.
- Wählen Sie im Feld **Trennzeichen eingeben oder auswählen** den Eintrag **Benutzerdefiniert**.
- Geben Sie ins Feld darunter ein Leerzeichen, den Unterstrich und ein weiteres Leerzeichen ein.
- Aktivieren Sie die Option **Beim äußersten linken Trennzeichen**.

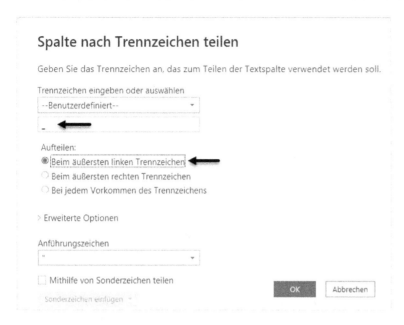

Abbildung 2-17: Das Trennzeichen bestimmen

- Bestätigen Sie mit **OK**.
- Benennen Sie die beiden Spalten, um in **Land** bzw. **Bundesland**.

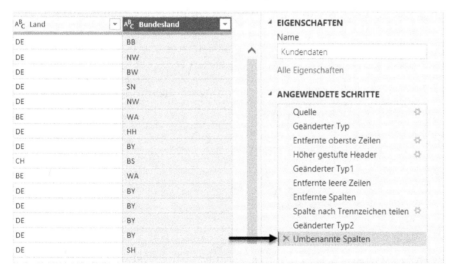

Abbildung 2-18: Die beiden neuen Spalten

Die Arbeit ist nun getan. Mit diesen bereinigten Daten können Sie arbeiten.

## Der Bereich Angewendete Schritte

Im Bereich **Angewendete Schritte** rechts außen sehen Sie alle Befehle, die Sie gestartet haben. Wenn Sie diese Anzeige ausgeblendet haben, erhalten Sie sie wieder mit der Befehlsfolge

**Ansicht / Abfrageeinstellungen**. Mit einem Klick auf einen Befehl wird der jeweilige Bearbeitungsstand angezeigt.

Abbildung 2-19: Der Stand nach dem Befehl **Höher gestufte Header**

Wenn Sie den letzten Schritt markieren, sehen Sie den tatsächlichen Stand Ihrer Arbeit. Bei der Übergabe nach Power BI Desktop wird immer bis zum letzten Schritt übergeben, egal was Sie im Bereich **Angewendete Schritte** markiert haben.

**Wichtig!**

Wenn ein Bearbeitungsschritt markiert ist, der nicht der letzte in der Liste ist und Sie starten einen neuen Befehl, beispielsweise **Spalten entfernen**, dann erscheint ein Hinweisfenster:

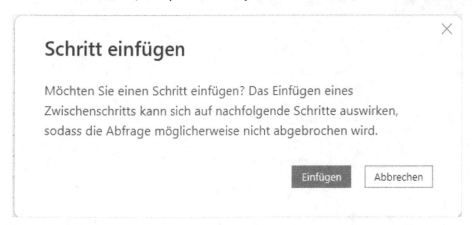

Abbildung 2-20: Die Frage, ob der Schritt zwischen anderen Schritten eingefügt werden soll

Der Abfrage-Editor fragt Sie, ob Sie diesen Schritt an der markierten Position einfügen möchten.

Befehle mit einem Zahnrad ⚙ rechts daneben können Sie bearbeiten, indem Sie auf das Symbol klicken. So können Sie beim Befehl **Quelle** den Pfad oder den Dateinamen ändern. Am Befehl **Entfernte oberste Zeilen** ändern Sie mit einem Klick auf das Zahnrad ⚙ die Anzahl der ersten Zeilen, die entfernt werden sollen.

Mit einem Klick auf ✕, das Sie immer dann sehen, wenn Sie einen Schritt markiert haben, entfernen Sie diesen.

**Hinweis**: Sie können die Reihenfolge der Schritte über das Kontextmenü mit den Befehlen **Nach oben** bzw. **Nach unten** ändern. Im Kontextmenü finden Sie auch den Befehl **Eigenschaften**. Hier können Sie jeden Schritt dokumentieren.

Damit sind alle Ihre Arbeiten im Abfrage-Editor erledigt.

## Was hat der Abfrage-Editor gespeichert?

Bevor Sie die Daten importieren, werfen Sie einen kurzen Blick auf die Befehle, die der Abfrage-Editor für Sie notiert hat. Ihre Schritte wurden in der Programmiersprache **M** abgelegt.

- Wählen Sie die Befehlsfolge **Start / Erweiterter Editor** oder **Ansicht / Erweiterter Editor**.

Abbildung 2-21: Der Code der von Ihnen gewählten Schritte

Hier können Sie auch Änderungen an Ihren Schritten vornehmen. Stellen Sie sich vor, Sie haben beispielsweise eine Spalte zu viel gelöscht. Wenn Sie auf den Schalter ✕ vor dem Befehl **Entfernte Spalten** klicken, werden wieder alle Spalten angezeigt. Wenn Sie hier im Editor eine Spalte doch wieder aktivieren möchten, löschen Sie den entsprechenden Spaltennamen. Achten Sie darauf, dass Sie die Anführungszeichen und ggf. das Komma auch entfernen.

- Mit einem Klick auf **Fertig** übernehmen Sie Ihre Änderungen.

## Die Qualität der Daten anzeigen

Nach dem Import in Power Query können Sie Ihre Daten einer Schnellanalyse unterziehen.

- Aktivieren Sie die Registerkarte **Ansicht** und setzen Sie den Haken **Spaltenqualität**.

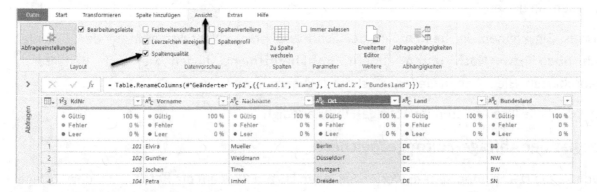

Abbildung 2-22: Die Schnellanalyse der Spaltenqualität

Unter den Spaltentiteln erkennen Sie nun, ob Fehler bzw. leere Zellen in den Spalten existieren.

- Wenn Sie eine genauere Analyse einer Spalte wünschen, aktivieren Sie den Haken **Spaltenprofil** und klicken Sie auf den gewünschten Spaltentitel.

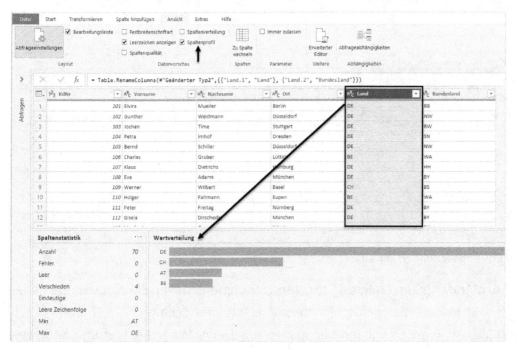

Abbildung 2-23: Die Spaltenqualität der markierten Spalte

## Die Daten übergeben

Ihre Abfrage ist fertig. Jetzt müssen Sie sie an Power BI Desktop übergeben.

- Wählen Sie die Befehlsfolge **Start / Schließen und übernehmen**.

- Wechseln Sie in die Ansicht ▦ **Daten**, in dem Sie im linken Bereich des Fensters auf das Icon klicken.

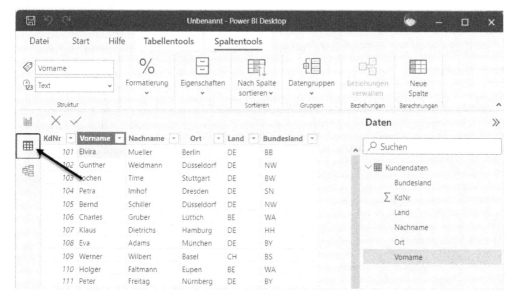

Abbildung 2-24: Die Tabelle im Datenmodell

Wenn Sie jetzt weitere Änderungen an der Abfrage vornehmen möchten, gelangen Sie mit der Befehlsfolge **Start / Daten transformieren** in den Abfrage-Editor.

Jetzt sollten Sie Ihr Datenmodell speichern.

- Klicken Sie auf die Schaltfläche **Speichern**, vergeben Sie beispielsweise den Namen **Auswertung** und sichern Sie Ihre Datei.

Abbildung 2-25: Die Datei speichern, der Dateityp ist PBIX

**Hinweis**: Wenn Sie Änderungen in der CSV-Datei vornehmen und Sie möchten diese im Datenmodell sehen, müssen Sie Ihre Daten aktualisieren. Aktivieren Sie die Befehlsfolge **Start / Aktualisieren**. Im nächsten Kapitel wird dieser Vorgang beschrieben.

## 2.3 Mehrere Excel-Tabellen auf einmal importieren

In diesem Beispiel werden mehrere Excel-Dateien mit den Verkaufsdaten, die in einem Ordner liegen, importiert. Der Inhalt dieser Arbeitsmappen soll in eine Tabelle zusammengefasst werden. Der Tabellenblattname muss bei allen Dateien gleich sein. In diesem Beispiel heißt er in allen sechs Dateien **Umsatz**.

In allen Excel-Tabellen liegen neben dem Verkaufsdatum auch die Kundennummer, die Materialnummer und die gekauften Stückzahlen vor. Hier fehlt der Umsatz. Dieser muss im Abfrage-Editor gleich berechnet werden.

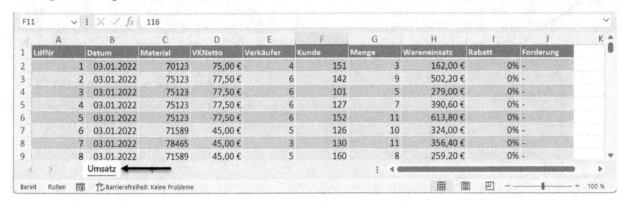

Abbildung 2-26: Die Excel-Tabelle mit den Verkäufen aus 2022

- Wählen Sie die Befehlsfolge **Start / Daten abrufen / Weitere**. Markieren Sie im Fenster **Daten abrufen** den Eintrag **Ordner** und klicken Sie auf **Verbinden**.

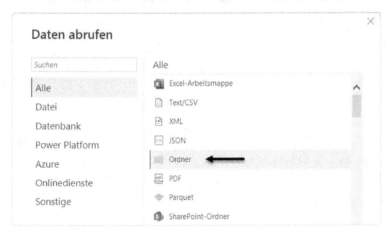

Abbildung 2-27: Dateien aus einem Ordner abrufen

- Klicken Sie auf **Durchsuchen** und wählen Sie den Ordner aus, in dem die Dateien liegen, die Sie importieren möchten.

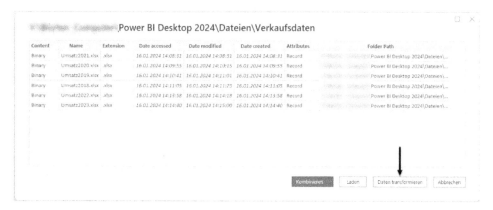

Abbildung 2-28: Der Ordner, in dem die Dateien liegen

- Klicken Sie auf **OK**.

Abbildung 2-29: Der Inhalt des Ordners

- Da Sie wissen, dass Sie Änderungen wie u.a. das Zusammenführen der Dateien vornehmen müssen, klicken Sie auf die Schaltfläche **Daten transformieren**.

## Die Dateien zusammenführen

Jetzt werden die Dateien nach Power Query übergeben. Jede Datei hat eine separate Zeile. Wenn im Ordner noch andere Dateien sind, die Sie nicht importieren möchten, nutzen Sie den Filter, um diese Dateien aus der Liste zu entfernen.

- Klicken Sie auf die Schaltfläche **Dateien kombinieren** in der Spalte **Content**.

Abbildung 2-30: Jede Datei steht in einer separaten Zeile

- Markieren Sie im Fenster **Dateien kombinieren** die Tabelle, auf der sich die zu importierenden Daten befinden. In diesem Beispiel ist es die Tabelle **Umsatz**.

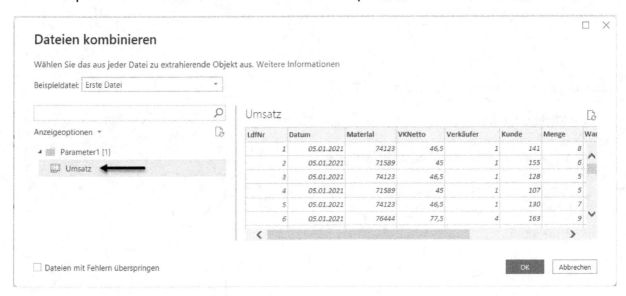

Abbildung 2-31: Die Auswahl des Tabellenblattes

- Bestätigen Sie mit **OK**.

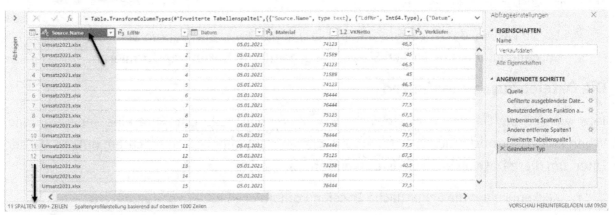

Abbildung 2-32: Die Inhalte der Dateien sind nun in einer Tabelle

In der ersten Spalte steht der Dateiname, aus der die Zeile importiert wurde. Diese Information wird nicht benötigt und gleich gelöscht und Sie erkennen, dass die Tabelle den Namen des Ordners erhalten hat. Da die Daten in Excel i.d.R. strukturiert vorliegen, erkennt der Abfrage-Editor die Datentypen automatisch.

## Den Umsatz pro Verkauf berechnen

In diesem Schritt möchten Sie ermitteln, wie viel Umsatz pro Verkauf erzielt wurde. Die notwendigen Informationen **VKNetto** und **Menge** liegen vor.

| 1.2 VKNetto | ▼ | 1²₃ Verkäufer | ▼ | 1²₃ Kunde | ▼ | 1²₃ Menge | ▼ |
|---|---|---|---|---|---|---|---|
| 46,5 | | 1 | | 141 | | 8 | |
| 45 | | 1 | | 155 | | 6 | |
| 46,5 | | 1 | | 128 | | 5 | |
| 45 | | 1 | | 107 | | 5 | |
| 46,5 | | 1 | | 130 | | 7 | |
| 77,5 | | 4 | | 163 | | 9 | |
| 77,5 | | 1 | | 136 | | 9 | |
| 67,5 | | 6 | | 155 | | 10 | |

Abbildung 2-33: Die Tabelle mit allen Umsätzen im Abfrage-Editor

Um eine neue Spalte mit einer Formel anzulegen, führen Sie die folgenden Schritte durch:

- Wählen Sie die Befehlsfolge **Spalte hinzufügen / Benutzerdefinierte Spalte**.
- Geben Sie im Feld **Neuer Spaltenname** den Titel **Umsatz** für die Spalte ein.
- Klicken Sie anschließend hinter das = im Feld **Benutzerdefinierte Spaltenformel**.
- Wählen Sie das erste Feld **VKNetto** mit einem Doppelklick aus der Liste **Verfügbare Spalten** aus.
- Geben Sie das Rechenzeichen * ein und doppelklicken Sie auf das Feld **Menge**.

Die Formel lautet:

```
=[VKNetto] * [Menge]
```

Feldnamen werden grundsätzlich in eckige Klammern gesetzt.

**Hinweis**: Beachten Sie, dass der Abfrage-Editor Groß- und Kleinschreibung unterscheidet. Die Formel **=[vknetto] * [menge]** liefert in der neuen Spalte das Ergebnis **Error**.

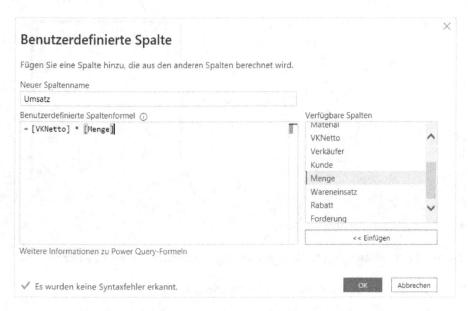

Abbildung 2-34: Die Berechnung für eine neue Spalte

**Hinweis**: Über den Link **Weitere Informationen zu Power Query-Formeln** gelangen Sie auf Webseiten, die Ihnen Informationen zu allen Funktionen des Abfrage-Editors anbieten.

- Klicken Sie auf **OK**.
- Weisen Sie der neuen Spalte **Umsatz** das Währungsformat **Feste Dezimalzahl** zu.

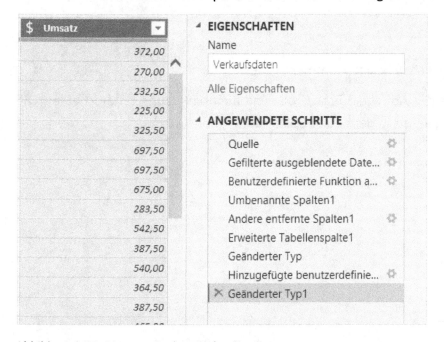

Abbildung 2-35: Die neue Spalte mit den Umsätzen

Jetzt erkennen Sie die Umsätze pro Datenzeile.

# Das Jahr und das Quartal aus dem Datum extrahieren

Im letzten Schritt möchten Sie aus der ersten Spalte **VKDatum** zwei neue Spalten erzeugen, die Ihnen das Jahr bzw. die Quartalsnummer zeigen.

- Markieren Sie die Spalte **VKDatum**.
- Wählen Sie die Befehlsfolge **Spalte hinzufügen / Datum / Jahr / Jahr**.

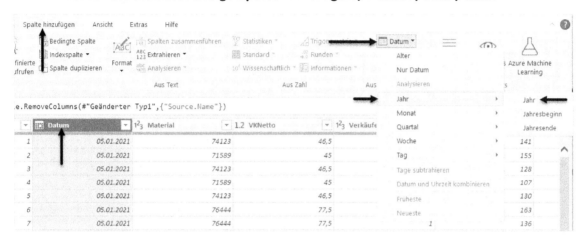

Abbildung 2-36: Aus einem Datum ohne Formel das Jahr extrahieren

Sie erhalten eine neue Spalte, in der nur die Jahreszahl angezeigt wird, ohne dass Sie eine Formel eingegeben haben.

- Markieren Sie wieder die Spalte **VKDatum** und wählen Sie nun die Befehlsfolge **Spalte hinzufügen / Datum / Quartal / Quartal des Jahres.**

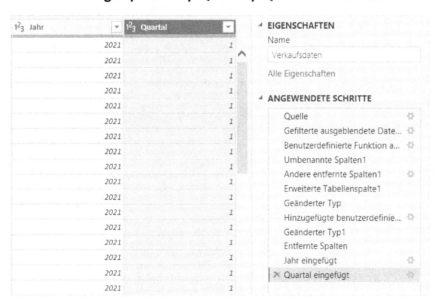

Abbildung 2-37: Die beiden neuen Spalten Jahr und Quartal

Ihre zweite Abfrage ist fertig. Jetzt müssen Sie sie ins Datenmodell übergeben.

- Wählen Sie die Befehlsfolge **Start / Schließen und übernehmen**.
- Wechseln Sie in die Ansicht ⊞ **Daten** und anschließend rechts auf die Tabelle **Umsätze**.

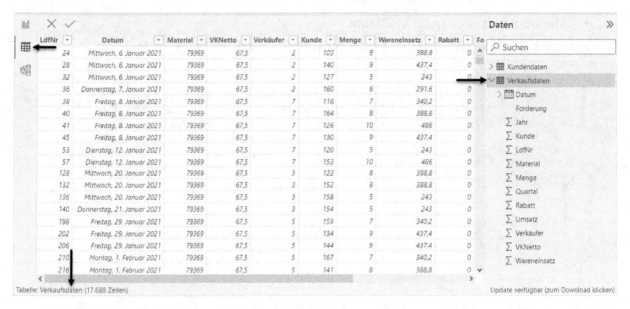

Abbildung 2-38: Die Tabelle Verkaufsdaten

- Speichern Sie Ihre Änderungen.

## 2.4 Eine Access-Tabelle importieren

Im nächsten Schritt soll die Tabelle zu den Materialien, die in der Access-Datenbank vorliegen, importiert werden. In der Datei **Material.accdb** finden Sie die Informationen zum Materialnamen und zur Materialgruppe.

**Hinweis**: Falls Access in Ihrem Umfeld nicht verfügbar ist, verwenden Sie die Excel-Mappe **Material wenn Access nicht vorhanden ist.xlsx**.

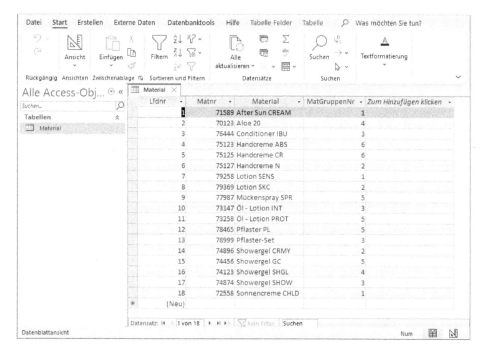

Abbildung 2-39: Die Daten in der Access-Tabelle

- Wechseln Sie in Ihr Datenmodell und wählen Sie **Start / Daten abrufen / Weitere**.
- Markieren Sie links den Eintrag **Datenbank.**

Jetzt erkennen Sie, aus welchen Datenbanken Sie zurzeit direkt Daten nach Power BI Desktop abrufen können.

Abbildung 2-40: Daten aus einer Access-Datenbank abrufen

- Markieren Sie den Eintrag **Access-Datenbank** und klicken Sie auf die Schaltfläche **Verbinden**.
- Wählen Sie die Datei **Material.accdb** aus und markieren Sie die Tabelle **Material**.

**Hinweis**: Sollte die Vorschau nicht Ihren Erwartungen entsprechen, klicken Sie auf das Symbol ⬓ **Aktualisieren**. Das kommt im Fenster Navigator zweimal vor.

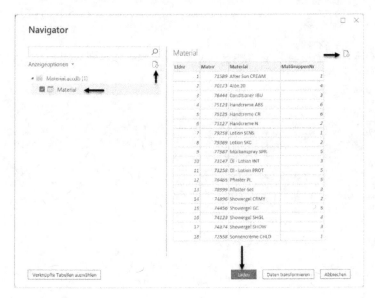

Abbildung 2-41: Die Tabelle auswählen

Da die Daten aus Access kommen, sind Sie sicher, dass die Datentypen alle korrekt sind.

• Klicken Sie direkt auf die Schaltfläche **Laden**.

Damit wird die Tabelle ohne den Umweg über den Abfrage-Editor direkt ins Datenmodell geladen. Trotzdem wurde eine Abfrage erstellt.

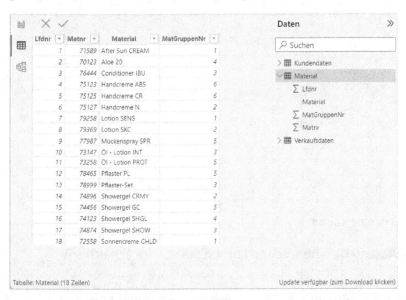

Abbildung 2-42: Die Daten im Datenmodell

## 2.5 Eine TXT-Datei importieren

Im nächsten Schritt soll eine kleine Text-Datei ins Datenmodell geladen werden.

In der Datei **Verkäufer.txt** finden Sie Daten zu Ihren Verkäufern.

Abbildung 2-43: Daten aus einer Text-Datei

- Wählen Sie die Befehlsfolge **Start / Daten abrufen / Text/CSV.**
- Wählen Sie die Datei **Verkäufer.txt** aus.

Im Fenster **Verkäufer.txt** erkennen Sie, dass alle Daten inklusive der Überschrift richtig erkannt wurden.

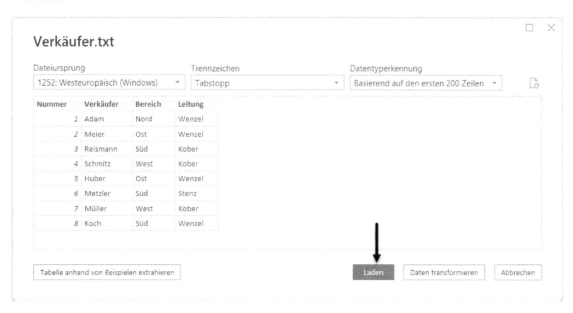

Abbildung 2-44: Eine Text-Datei abrufen

- Klicken Sie auf die Schaltfläche **Laden**.

Damit wird die Tabelle direkt ins Datenmodell geladen. Auch hier wurde eine Abfrage erstellt.

Abbildung 2-45: Die Verkäufer im Datenmodell

## 2.6 Eine Tabelle aus einer PDF-Datei importieren

Die nächste Tabelle, die Sie für Ihr Datenmodell benötigen, liegt in einer PDF-Datei.

Abbildung 2-46: Die kleine Tabelle liegt in einer PDF-Datei

- Wechseln Sie in Ihr Datenmodell und wählen Sie **Start / Daten abrufen / Weitere / PDF**.
- Wählen Sie die Datei **Land.pdf** aus.

Abbildung 2-47: Die PDF-Datei auswählen

- Klicken Sie auf **Laden**.

- Die Tabelle wird ins Datenmodell übernommen. Klicken Sie mit der rechten Maustaste auf den Namen der Tabelle und wählen Sie den Befehl **Umbenennen**. Geben Sie der Tabelle den Namen **Land** und bestätigen Sie mit ⏎ .

Abbildung 2-48: Alle Tabellen sind jetzt im Datenmodell

- Speichern Sie jetzt unbedingt Ihre Arbeit.

Im **Kapitel 4** werden die Beziehungen zwischen den Tabellen erstellt.

## 2.7 Daten aktualisieren

Dank der Abfragen, die Sie jetzt erstellt haben, können Sie die Daten jederzeit aktualisieren. Klicken Sie dazu nur auf die Schaltfläche **Aktualisieren** bzw. **Vorschau aktualisieren**, die Sie auf dem Register **Start** finden.

Abbildung 2-49: Sie können beim Aktualisieren aller Tabellen zusehen

**Hinweis**: Im Kapitel **Troubleshooting** erfahren Sie, wie Sie die Pfade für Ihre Datenquellen einstellen.

Wenn Sie nur eine Tabelle aktualisieren möchten, klicken Sie im Bereich **Felder** mit der rechten Maustaste auf die Tabelle und wählen Sie den Befehl **Daten aktualisieren**.

Wenn die Originaldaten nicht mehr zur Verfügung stehen, bleibt der letzte Stand erhalten.

**Hinweis**: Wenn Ihnen die Arbeit mit dem Abfrage-Editor gefällt, dann sollten Sie sich mit Power Query beschäftigen. Power Query arbeitet genauso wie der Abfrage-Editor und ist ein Zusatztool für Excel. Ab Excel 2016 ist es sogar bereits integriert. Das bedeutet, dass Sie Ihre Daten genauso extrahieren, transformieren und nach Excel laden können, wie Sie das für Power BI Desktop gemacht haben. Die Befehle sind nahezu identisch. Wir haben zu dem Thema ein Buch mit dem Titel **Power Query** erstellt.

Im nächsten Kapitel werden Sie die Tabellen im Datenmodell bearbeiten.

# 3 Die Tabellen im Datenmodell bearbeiten

Sie haben gesehen, dass der Import jeder Tabelle als Abfrage gespeichert wird. Wenn Sie Ihre Tabellen ins Datenmodell gebracht haben, können Sie sie hier auch noch bearbeiten. Sie können neue Tabellen auch manuell erstellen.

## 3.1 Eine Tabelle manuell erfassen

In diesem Schritt möchten Sie die Daten für die Materialgruppen erfassen.

- Klicken Sie auf der Registerkarte **Start** auf die Schaltfläche **Daten eingeben**.

Abbildung 3-1: Eine Tabelle manuell erfassen

Sie erhalten eine leere Tabelle mit einer Spalte und einer Zeile. Mit einem Doppelklick auf den Titel **Spalte "1"** können Sie diese umbenennen. Mit einem Klick auf das * erhalten Sie eine neue leere Spalte. Lassen Sie sich nicht von der grauen Hintergrundfarbe der Zelle verwirren. Sie können direkt Daten eingeben.

Abbildung 3-2: Die leere Tabelle

Sollten Sie zu viele Zeilen oder Spalten erzeugt haben, können Sie sie ganz einfach über das Kontextmenü der rechten Maustaste löschen.

- Geben Sie der Tabelle den Namen **Gruppe** und erfassen Sie die folgenden Daten.

**Tipp**: Sollten Sie keine Zeit haben, die Daten zu erfassen, öffnen Sie die mitgelieferte Datei **Materialgruppe zum Kopieren.xlsx**. Kopieren Sie die Zellen A1 bis B7. Klicken Sie in die leere Zelle der neuen Tabelle im Fenster **Tabelle erstellen**, drücken Sie ⌈Strg⌉ + ⌈V⌉ und ignorieren Sie ggf. die Meldung bzgl. der ersten Datenzeile.

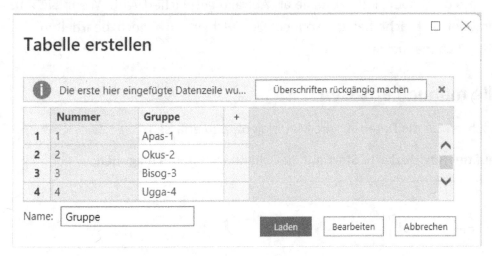

Abbildung 3-3: Die Daten in der Tabelle

- Klicken Sie auf die Schaltfläche **Laden**.

Damit wird die Tabelle ins Datenmodell geladen. Auch hier wurde eine Abfrage erstellt.

Abbildung 3-4: Die Materialdaten im Datenmodell

**Tipp**: Wenn Sie einen Tippfehler in der Tabelle finden, können Sie ihn im Abfrage-Editor ändern, indem Sie doppelt auf den Schritt **Quelle** klicken.

## 3.2 Tabellen ausblenden

Sie können ganze Tabellen oder auch Spalten ausblenden.

Wenn Sie in Ihrem Datenmodell viele Tabellen haben, kann es mit der Zeit recht unübersichtlich werden. Power BI Desktop bietet Ihnen die Möglichkeit, Tabellen auszublenden.

- Zeigen Sie rechts bei den Feldern auf die Tabelle, die Sie ausblenden möchten und klicken Sie auf das Auge-Symbol .

Abbildung 3-5: Die markierte Tabelle ausblenden

Das durchgestrichene Auge-Symbol ✎ zeigt Ihnen, dass diese Tabelle bei den Berichten nicht sichtbar ist.

**Hinweis**: Wenn Sie auf einen Tabellennamen zeigen, erscheinen rechts neben dem Auge die Schaltfläche **Weitere Optionen** mit den drei Punkten. Hier finden Sie zahlreiche Befehle.

Wenn Sie jetzt in die Ansicht ⊪ **Bericht** wechseln, erkennen Sie im rechten Bereich, dass die Tabelle **Land** nicht sichtbar ist.

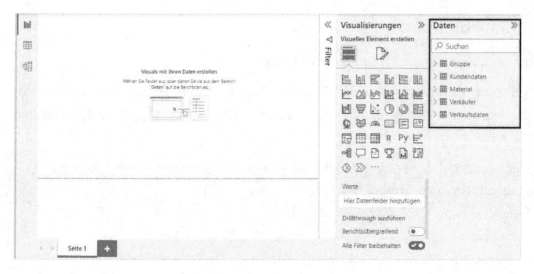

Abbildung 3-6: Im Bereich **Felder** fehlt die Tabelle **Land**

Wechseln Sie wieder zurück in die Ansicht ▦ **Daten**. Um die Tabelle einzublenden, klicken Sie wieder mit der rechten Maustaste auf die ausgeblendete Tabelle.

Klicken Sie wieder auf das Auge-Symbol und die Tabelle ist wieder in allen Ansichten sichtbar.

## 3.3 Spalten ausblenden

Sie können, ähnlich wie in Excel Spalten ausblenden.

- Lassen Sie sich rechts bei den Feldern die Spalten der Tabelle Kundendaten anzeigen. Zeigen Sie auf die Spalte, die Sie ausblenden möchten und klicken Sie auf das Auge-Symbol 👁.

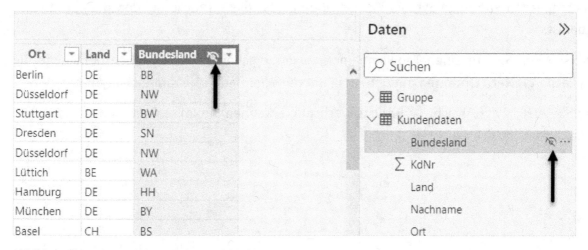

Abbildung 3-7: Die markierte Spalte ausblenden

Sie erkennen am Augen-Symbol, dass diese Spalte in der Berichtsansicht nicht sichtbar ist.

- Blenden Sie die Spalte wieder ein, indem Sie erneut auf das Auge-Symbol 👁 klicken.

**Hinweis**: Das Ausblenden von Tabelle oder auch von Spalten dient der Übersicht. Je weniger Informationen Sie sehen, desto weniger müssen Sie später blättern. Unsere Empfehlung bei umfangreichen Datenmodellen mit vielen Tabelle und ggf. vielen Spalten: Lassen Sie sich nur die Tabellen und die Spalten anzeigen, die Sie später auswerten möchten.

## 3.4  Spalten formatieren

Nachdem Sie die Daten im Datenmodell haben, können Sie die Spalten gestalten. In den nächsten Schritten soll die Spalte **Umsatz** das Euro-Format erhalten.

- Markieren Sie die Spalte **Umsatz** in der Tabelle **Verkaufsdaten** und aktivieren Sie das Register **Spaltentools**.

- Stellen Sie im Feld **Datentyp** den Eintrag **Dezimalzahl** ein.

Im Bereich **Formatierung** finden Sie alle Befehle zum Gestalten.

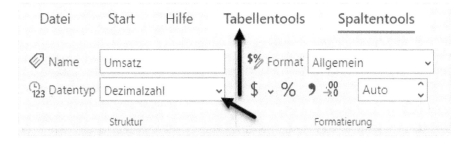

Abbildung 3-8: Die Befehle zum Formatieren der markierten Spalte

### Das Währungsformat zuweisen

Wenn Sie auf die Schaltfläche **Währungsformat** klicken, erhalten Sie eine Liste aller Währungen.

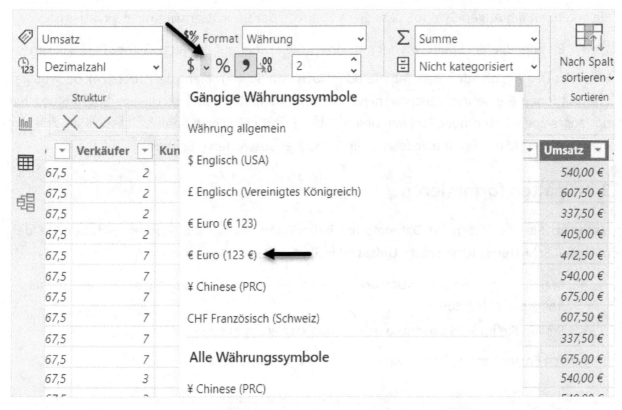

Abbildung 3-9: Der Schritt über die Schaltfläche Währungsformat

Wenn Sie sich für das Format **€ Euro (123 €)** entscheiden, kontrollieren Sie anschließend das Feld **Dezimalstellen**. Fügen Sie ggf. die gewünschte Anzahl Dezimalstellen ein.

## Das Datumsformat ändern

Die Spalten mit Datumswerten können Sie auch im Handumdrehen ändern. Klicken Sie in die Spalte mit einem Datum und wählen Sie auf der Registerkarte **Tabellentools** im Feld **Format** das gewünschte Format z. B. **14.02.2001 (Short Date)** aus.

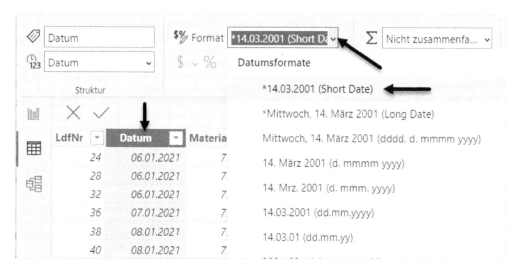

Abbildung 3-10: Mit wenigen Mausklicks haben Sie das Datumsformat geändert

## 3.5 Die Daten zusammenfassen bzw. kategorisieren

### Die Daten berechnen

Ihnen ist bestimmt schon aufgefallen, dass bei einigen Spalten das $\sum$ vor dem Feldnamen steht. Damit zeigt Ihnen das Datenmodell, dass die Inhalte dieser Spalten in Berichten berechnet werden können.

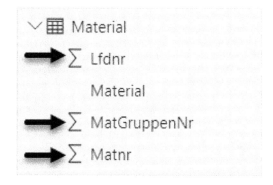

Abbildung 3-11: Die Inhalte wurden erkannt

Wenn Sie z. B. ein Diagramm für die Tabelle **Material** erstellen würden, könnten Sie aus den drei in der Abbildung gekennzeichneten Spalten Säulen erstellen.

Sie können für alle Zahlenspalten die Art der Berechnung ändern. Zu Beginn geht Power BI Desktop immer von der Summe aus. Auf der Registerkarte **Tabellentools** finden Sie das Feld **Zusammenfassung**.

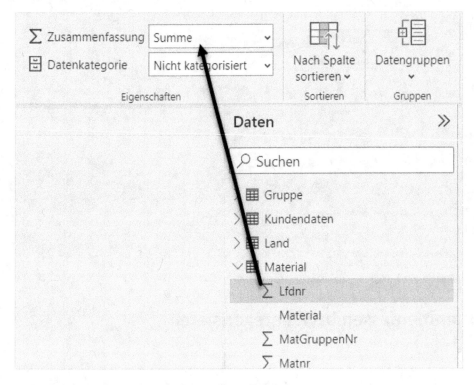

Abbildung 3-12: Die Berechnungen der Zahlenspalten

Um die Art der Berechnung zu ändern oder zu deaktivieren, weil Sie z. B. das Feld **Lfd. Nr.** nicht berechnen möchten, klicken Sie auf den Listenpfeil und treffen Sie Ihre Wahl.

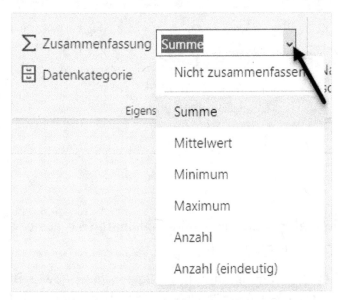

Abbildung 3-13: Die Art **Zusammenfassung** zuweisen

Wenn Sie also genau wissen, Sie brauchen für eine Spalte immer die Zusammenfassung **Mittelwert** in den Berichten, dann können Sie dies über die oben beschriebenen Schritte einstellen. Sie können die Berechnung allerdings auch, während Sie einen Bericht erstellen, ändern.

Stellen Sie jetzt in der Tabelle **Verkaufsdaten** für die folgenden Felder die Einstellung **Nicht zusammenfassen** ein: **Jahr, LfdNr, Quartal, Verkäufer, Kunde** und **VKNetto.**

## Die Daten kategorisieren

Wenn Sie gleich mit Landkarten arbeiten, ist es von Vorteil die Felder, die eine Positionsangabe enthalten, wie z. B. das Feld **Ort** zu katgorisieren.

- Markieren Sie die Spalte mit der Ortsangabe, in diesem Beispiel die Spalte **Ort**.
- Öffnen Sie am Feld **Datenkategorie** die Liste und klicken Sie auf den Eintrag **Ort**.

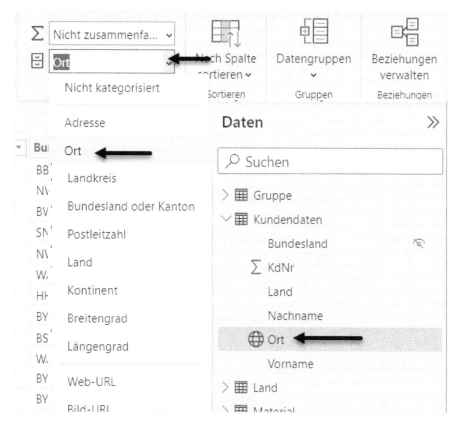

Abbildung 3-14: Die Liste der Positionsangaben

## 3.6 Die Daten aktualisieren

Wenn sich die Daten in den diversen Datenquellen ändern, müssen Sie die Tabellen in Ihrem Datenmodell aktualisieren.

- Klicken Sie auf die Schaltfläche **Aktualisieren**.

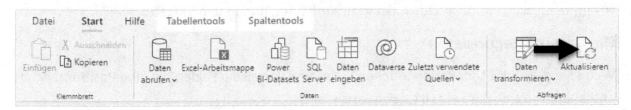

Abbildung 3-15: Den Befehl **Aktualisieren** starten

Es werden immer alle Daten aktualisiert. Wenn Sie viele Tabellen in Ihrem Datenmodell haben, können Sie beim Aktualisieren zusehen. Die neuen Daten werden sofort übernommen und angezeigt.

Abbildung 3-16: Sie können beim Aktualisieren der Tabellen zusehen

Wenn Sie nur eine Tabelle aktualisieren möchten, klicken Sie mit der rechten Maustaste in die Tabelle und wählen Sie den Befehl **Daten aktualisieren**.

Auch hier können Sie beim Aktualisieren zusehen. Im nächsten Kapitel werden die Tabellen in Beziehung zueinander gesetzt.

# 4 Die Tabellen in Beziehung setzen

In Ihrem Datenmodell befinden sich zurzeit sechs Tabellen. Damit Sie aussagekräftige Berichte erhalten, müssen Sie zwischen den Tabellen Beziehungen erstellen.

Die folgende Abbildung zeigt das Ziel. So werden die Tabellen gleich untereinander in Beziehung gesetzt.

Abbildung 4-1: Das Ziel dieses Kapitels: Alle Tabellen haben untereinander Beziehungen

Wenn Sie mit Access arbeiten, dann kommt Ihnen diese Ansicht vertraut vor. Das Erstellen von Beziehungen ähnelt dem Vorgehen in Access. Genauso verhält es sich mit dem Excel-AddIn Power Pivot.

**Hinweis**: Beziehungen zwischen Tabellen können Sie auch im Abfrage-Editor erstellen. Allerdings bevorzugen unsere Teilnehmer in den Seminaren diese visuelle Oberfläche aufgrund der Übersichtlichkeit.

## 4.1 Die Ansicht Beziehungen

Die Beziehungen haben in Power BI Desktop eine eigene Ansicht.

- Klicken Sie auf die Ansicht ⊞ **Modell**.

Ihre Tabellen werden nun in einer sehr übersichtlichen Darstellung angezeigt. Sie erkennen nur den Namen der Tabelle und die Spalten, die sie enthält.

Wenn Sie nicht alle Tabellen sehen, verkleinern Sie den Zoom. Die Schalter dazu finden Sie unten rechts. Sie können die Tabellen in diesem Bereich frei verschieben. Zeigen Sie auf den Titel und ziehen Sie sie an die gewünschte Position.

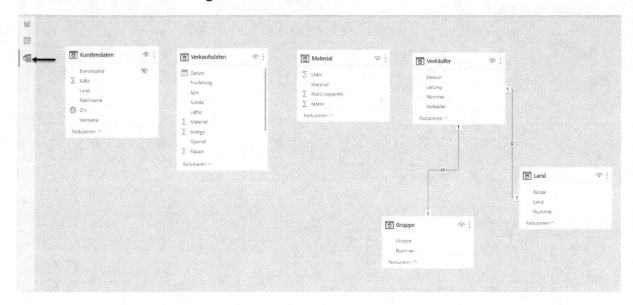

Abbildung 4-2: Das Datenmodell

**Hinweis**: Ausgeblendete Tabellen und Spalten erhalten ein spezielles Symbol ⊠ .

## 4.2 Falsche Beziehungen löschen

In diesem Beispiel erkennen Sie, dass das Datenmodell bereits automatisch mehrere Beziehungen erstellt hat. Das Datenmodell geht u.a. davon aus, dass zwischen der Tabelle **Verkäufer** und der Tabelle **Gruppe** eine Beziehung besteht. Sie erkennen dies an der Linie, die beide Tabellen verbindet.

- Wenn Sie wissen möchten, welche Felder verbunden sind, zeigen Sie mit der Maus auf die Linie.

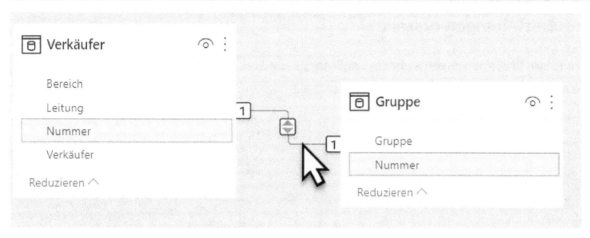

Abbildung 4-3: Eine fehlerhafte Beziehung

Da beide Tabellen eine Zahlenspalte mit dem Titel **Nummer** haben, hat das Datenmodell die Beziehung automatisch erstellt.

**Diese Beziehung ist falsch und muss entfernt werden!**

- Klicken Sie mit der rechten Maustaste auf die Verbindungslinie und wählen Sie den Befehl **Löschen**.

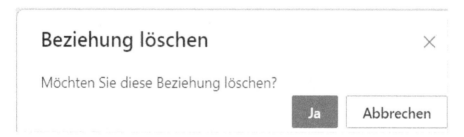

Abbildung 4-4: Die fehlerhafte Beziehung löschen

- Bestätigen Sie mit einem Klick auf die Schaltfläche **Löschen**. Entfernen Sie ggf. weitere Verbindungen.

**Hinweis**: Wenn Sie die automatische Erkennung deaktivieren möchte, wählen Sie **Datei / Optionen und Einstellungen / Optionen**. Aktivieren Sie die Kategorie **Daten laden** in der Gruppe **Aktuelle Datei** und deaktivieren Sie den Haken **Neue Beziehungen nach dem Laden der Daten automatisch erkennen**.

## 4.3 Beziehungen erstellen

Bevor Sie die Beziehungen erstellen, sollten Sie die kleinen Fenster so weit vergrößern, dass Sie alle Felder jeder Tabelle erkennen. Außerdem können Sie die Tabellen so anordnen, dass Ihre Arbeit gleich erleichtert wird.

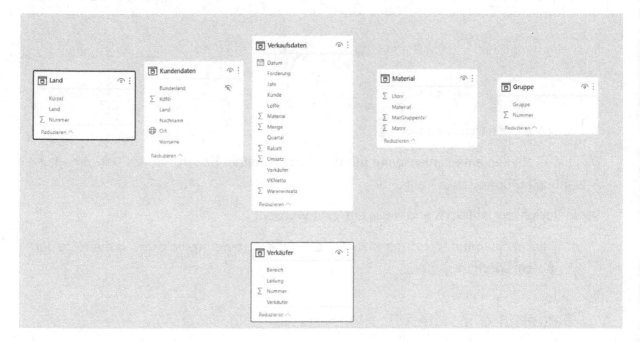

Abbildung 4-5: Die Tabellen wurden in der Schneeflockenansicht angeordnet

- Zeigen Sie in der Tabelle **Verkaufsdaten** auf das Feld **Kunde**.
- Drücken Sie die linke Maustaste und ziehen Sie das Feld aus dem Fenster **Umsätze** bis hin in das Fenster **Kundendaten**.
- Lassen Sie die linke Maustaste erst dann los, wenn der Mauszeiger über dem Feld **KdNr** steht.
- Zeigen Sie mit der Maus auf die Linie, um zu kontrollieren, ob Sie auch die richtigen Felder miteinander verbunden haben.

**Hinweis**: Die Werte in einem der Felder in einer Beziehung muss eindeutige Werte enthalten. Wenn Sie dennoch versuchen, eine Beziehung herzustellen, erhalten Sie einen entsprechenden Hinweis.

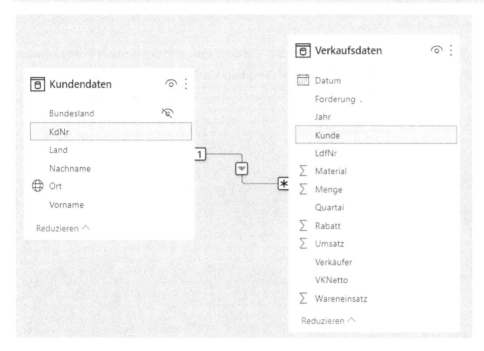

Abbildung 4-6: Die Erste selbst erstelle Beziehung steht

- Ziehen Sie nun das Feld **Bundesland** aus der Tabelle **Kundendaten** in die Tabelle **Land** auf das Feld **Kürzel**.

Abbildung 4-7: Die zweite Beziehung

Sie können Beziehungen auch bearbeiten.

- Doppelklicken Sie auf die Linie.

Im Fenster **Beziehungen bearbeiten** sehen Sie die gerade von Ihnen erstellte Beziehung. Hier erkennen Sie die Zuordnungsart, die Power BI Desktop für Sie erstellt hat.

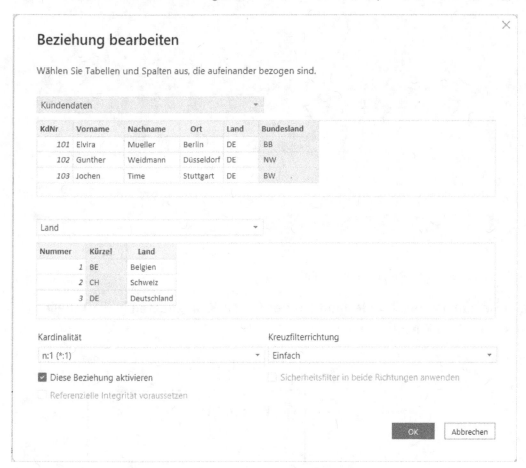

Abbildung 4-8: Eine Beziehung bearbeiten

Schließen Sie das Fenster. Erzeugen Sie nun die restlichen Beziehungen.

- Ziehen Sie von der Tabelle **Verkaufsdaten** das Feld **Material** in die Tabelle **Material** auf das Feld **Matnr**.

- Ziehen Sie aus der Tabelle **Material** das Feld **MatGruppenNr** in die Tabelle **Gruppe** auf das Feld **Nummer**.

- Ziehen Sie aus der Tabelle **Verkaufsdaten** das Feld **Verkäufer** in die Tabelle **Verkäufer** auf das Feld **Nummer**.

- Speichern Sie Ihre Einstellungen.

Das Fenster zeigt nun die Verbindungen zwischen den Tabellen in Ihrem Datenmodell.

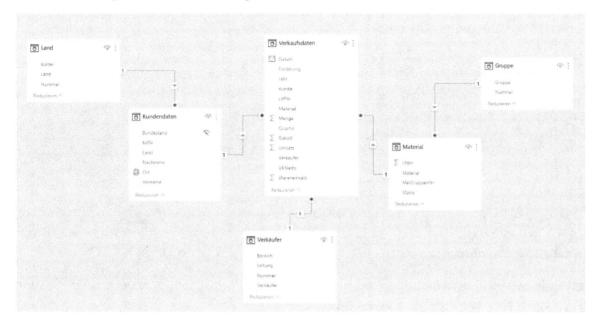

Abbildung 4-9: Alle Beziehungen

- Speichern Sie Ihre Änderungen.

## Beziehungen verwalten

Power BI Desktop kann Ihnen alle Beziehungen in einem Fenster auflisten.

- Wählen Sie die Befehlsfolge **Start / Beziehungen verwalten**.

| Aktiv | Von: Tabelle (Spalte) | Zu: Tabelle (Spalte) |
|---|---|---|
| ☑ | Kundendaten (Bundesland) | Land (Kürzel) |
| ☑ | Material (MatGruppenNr) | Gruppe (Nummer) |
| ☑ | Verkaufsdaten (Kunde) | Kundendaten (KdNr) |
| ☑ | Verkaufsdaten (Material) | Material (Matnr) |
| ☑ | Verkaufsdaten (Verkäufer) | Verkäufer (Nummer) |

Abbildung 4-10: Die Beziehung verwalten

Wenn Sie weitere Informationen zu einer Beziehung wünschen, markieren Sie sie und klicken Sie auf die Schaltfläche **Bearbeiten**.

**Tipp**: Mithilfe der Schaltfläche **AutoErmittlung** schlägt Ihnen Power BI Desktop Beziehungen vor. Dieser Befehl ist mit Vorsicht zu genießen. Bei größeren Datenmodellen klappt diese Vorgehensweise nicht immer reibungslos und Sie haben ggf. viel Arbeit beim Löschen der fehlerhaften Beziehungen.

 Sehen  Lesen  Verstehen

**Sehen – Lesen – Verstehen!**
**Bei den Download-Dateien finden Sie die Links zu den kostenlosen Videos.**

Wir haben zu vielen Themen kurze, auf den Punkt gebrachte Videos erstellt. Schauen Sie doch einfach mal rein.

# 5 Berechnungen mit Measures

Sie haben bereits innerhalb der Abfragen in einer neuen Spalte eine Berechnung erzeugt. In der Tabelle **Umsätze** haben Sie den **Umsatz** mithilfe der Formel

```
=[VkNetto] * [Menge]
```

berechnet. Sie haben auch im Datenmodell die Möglichkeit, Berechnungen zu erstellen.

Abbildung 5-1: Verschiedene Arten von Measures finden Sie u. a. auf dem Register **Tabellentools**

Im Bereich **Berechnungen** erkennen Sie, dass es mehrere Befehle gibt: **Neues Measure, Quickmeasure, Neue Spalte** und **Neue Tabelle**.

**Neue Spalte** erklärt sich fast von selbst. Sie erhalten eine neue Spalte, in der Sie Ihre Berechnung erzeugen. Als Ergebnis erhalten Sie für jede Zeile einen Wert.

**Neues Measure** ergibt nur einen Wert, beispielsweise die Gesamtsumme einer Spalte. Allerdings können Sie, nachdem Sie ein Measure erstellt haben, nicht sofort das Ergebnis sehen. Sie müssen einen Bericht erstellen, um die Ergebnisse der Measures zu sehen.

Bei den **Quickmeasures** handelt es sich um fertige Rechenschritte. Mit dem Befehl **Neue Tabelle** können Sie z. B. mit den Funktionen UNION, DISTINCT, CALENDAR neue Tabellen erstellen.

**Hinweis**: Sind in Ihrer Power BI Desktop-Version Punkt und Komma sowie das Trennzeichen (;) nicht wie hier beschrieben, Wählen Sie **Datei / Optionen und Einstellungen / Optionen / Regionale Einstellungen**. Setzen Sie die Option **Lokalisierte DAX-Trennzeichen verwenden. Listen- und Dezimaltrennzeichen werden durch die Windows-Gebietsschemaeinstellungen definiert**. Bestätigen Sie die Änderungen mit **OK**. Weitere Infos finden Sie im Anhang.

# 5.1 Neue berechnete Spalten einfügen

Ihre Tabelle **Verkaufsdaten** soll um ein paar Spalten erweitert werden. Neben dem Deckungsbeitrag für jeden Verkauf möchten Sie auch den Rabattbetrag, falls einer gewährt wurde, ermitteln. Zusätzlich möchten Sie für jeden Verkauf ermitteln, ob die Forderung noch offen ist.

## Den Deckungsbeitrag ermitteln

Im ersten Schritt möchten Sie in einer neuen Spalte den Deckungsbeitrag berechnen. Die notwendigen Informationen stehen in den Spalten **Umsatz** und **Wareneinsatz**.

- Wechseln Sie in die Datenansicht und wählen Sie die Tabelle **Verkaufsdaten** aus.
- Wählen Sie die Befehlsfolge **Start / Berechnungen / Neue Spalte**. Als Ergebnis erhalten Sie eine neue leere Spalte mit dem Titel **Spalte**. Außerdem ist die Bearbeitungsleiste aktiv geworden. Dort steht bereits **1 Spalte =**.
- Um die Bearbeitungszeile zu vergrößern, halten Sie die ⌷Strg⌷-Taste gedrückt und drehen Sie am Mausrad.
- Klicken Sie in die Bearbeitungsleiste hinter das **=** und geben Sie `umsa` für die Spalte **Umsatz** ein.

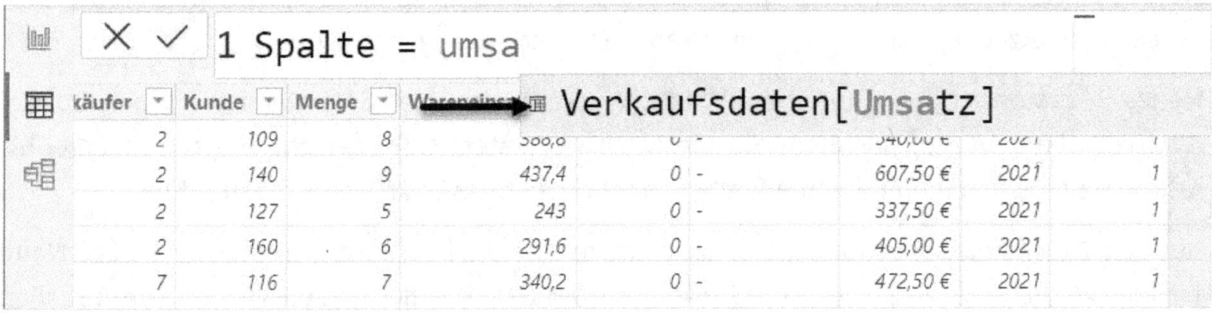

Abbildung 5-2: Eine neue leere Spalte

Sofort springt die Anzeige zum ersten Feld mit dem Buchstaben **umsa**. Drücken Sie jetzt solange die ⌷↓⌷-Taste, bis die Zeile **Verkaufsdaten[Umsatz]** markiert ist und drücken Sie dann die ⌷Tab⌷-Taste. Alternativ können Sie auch einen Doppelklick auf den Eintrag durchführen.

- Geben Sie das Rechenzeichen − (Minus) ein.
- Tippen Sie `waren` für die Spalte **Wareneinsatz** ein.

Abbildung 5-3: Ein Feld zur Berechnung auswählen

- Wählen Sie das Feld aus der Liste aus. Bestätigen Sie die Formel mit ⏎ .

Damit ist die Formel fertig.

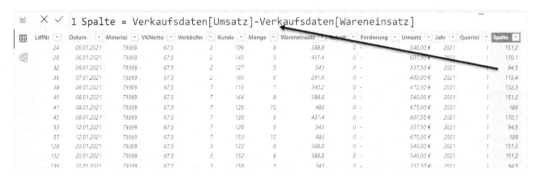

Abbildung 5-4: Die Berechnung für den Deckungsbeitrag

**Hinweis**: Power BI Desktop enthält ähnlich wie Excel mehrere hundert Funktionen. Diese Menge der Funktionen wird als DAX-Funktionen bezeichnet. Sie finden sie auch in Power Pivot. (DAX Data Analysis Expressions)

Jetzt soll die neue Spalte das Währungsformat erhalten.

- Lassen Sie die Spalte markiert und aktivieren Sie das Register **Spaltentools**.
- Klicken Sie auf die Schaltfläche $ ˅ **Währungsformat anwenden** und wählen Sie **€ Euro (123 €)**.

Abbildung 5-5: Das Euro-Format zuweisen

- Ändern Sie mit einem Rechtsklick auf den Spaltentitel und dem Befehl **Umbenennen** den Namen der Spalte in **Deckungsbeitrag1.**

Damit haben Sie die erste berechnete Spalte erstellt.

## Den Rabattbetrag berechnen

Im nächsten Schritt möchten Sie den Rabattbetrag berechnen.

- Wählen Sie die Befehlsfolge **Start / Berechnungen / Neue Spalte.**
- Klicken Sie hinter das = und geben Sie die folgende Formel ein:

```
Verkaufsdaten[Umsatz]*Verkaufsdaten[Rabatt]
```

- Weisen Sie der neuen Spalte das Euro-Format zu und geben Sie der Spalte den Namen **Rabattbetrag**. Für die folgende Abbildung wurde die Sortierung nach der neuen Spalte eingestellt und anschließend wieder ausgeschaltet.

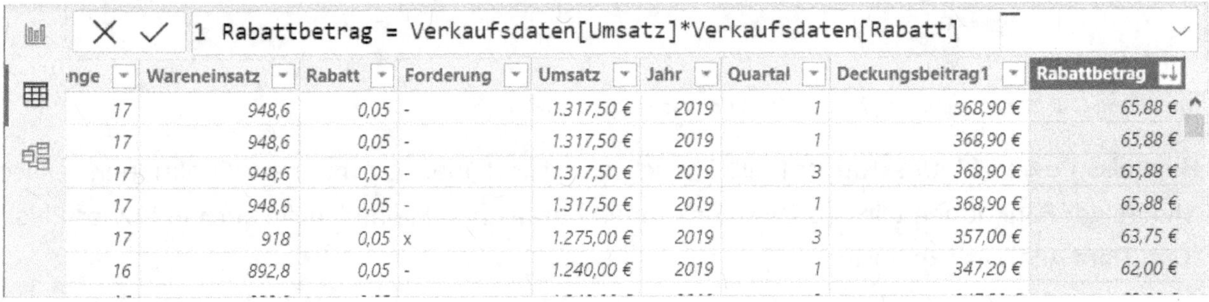

| | | | | | | | | |
|---|---|---|---|---|---|---|---|---|
| X ✓ | 1 Rabattbetrag = Verkaufsdaten[Umsatz]*Verkaufsdaten[Rabatt] | | | | | | | |
| nge ▾ | Wareneinsatz ▾ | Rabatt ▾ | Forderung ▾ | Umsatz ▾ | Jahr ▾ | Quartal ▾ | Deckungsbeitrag1 ▾ | Rabattbetrag ▾ |
| 17 | 948,6 | 0,05 | - | 1.317,50 € | 2019 | 1 | 368,90 € | 65,88 € |
| 17 | 948,6 | 0,05 | - | 1.317,50 € | 2019 | 1 | 368,90 € | 65,88 € |
| 17 | 948,6 | 0,05 | - | 1.317,50 € | 2019 | 3 | 368,90 € | 65,88 € |
| 17 | 948,6 | 0,05 | - | 1.317,50 € | 2019 | 1 | 368,90 € | 65,88 € |
| 17 | 918 | 0,05 | x | 1.275,00 € | 2019 | 3 | 357,00 € | 63,75 € |
| 16 | 892,8 | 0,05 | - | 1.240,00 € | 2019 | | 347,20 € | 62,00 € |

Abbildung 5-6: Für diese Abbildung wurde die Sortierung nach der neue Spalte eingestellt

## Die Forderungen mit der WENN-Funktion ermitteln

Zuletzt möchten Sie in einer neuen Spalte die Umsätze ermitteln, die noch nicht beglichen wurden. In der Spalte **Forderung** steht ein **x**, wenn der Umsatz noch offen ist. Dies können Sie mit der WENN-Funktion abfragen: Wenn in der Spalte ein x steht, dann zeigen den Umsatz an, sonst zeige 0 an.

- Wählen Sie die Befehlsfolge **Start / Berechnungen / Neue Spalte**.
- Klicken Sie hinter das = und geben Sie `if` ein.

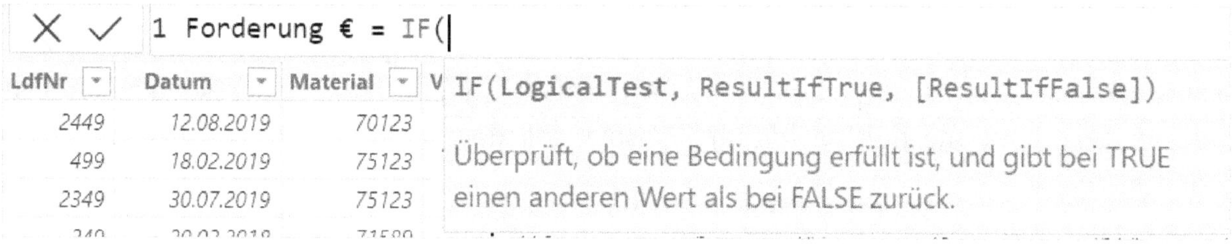

| ✕ ✓ | 1 Forderung € = IF( |
| LdfNr ▾ | Datum ▾ | Material ▾ | V | IF(LogicalTest, ResultIfTrue, [ResultIfFalse]) |
| 2449 | 12.08.2019 | 70123 | | Überprüft, ob eine Bedingung erfüllt ist, und gibt bei TRUE |
| 499 | 18.02.2019 | 75123 | | einen anderen Wert als bei FALSE zurück. |
| 2349 | 30.07.2019 | 75123 | | |
| 249 | 20.02.2018 | 71589 | | |

Abbildung 5-7: Die WENN-Funktion in Datenmodell

- Geben Sie nun den Rest der Formel ein:

```
IF(Verkaufsdaten[Forderung]="x"; Verkaufsdaten[Umsatz];0)
```

- Weisen Sie der neuen Spalte das Euro-Format zu und geben Sie der Spalte den Namen **Forderung €**.

| ✕ ✓ | 1 Forderung € = IF(Verkaufsdaten[Forderung]="x"; Verkaufsdaten[Umsatz];0) | | | | | | | ⌄ |
| atz ▾ | Rabatt ▾ | Forderung ▾ | Umsatz ▾ | Jahr ▾ | Quartal ▾ | Deckungsbeitrag1 ▾ | Rabattbetrag ▾ | Forderung € ▾ |
|---|---|---|---|---|---|---|---|---|
| 388,8 | 0 | - | 540,00 € | 2021 | 1 | 151,20 € | 0,00 € | 0,00 € |
| 437,4 | 0 | - | 607,50 € | 2021 | 1 | 170,10 € | 0,00 € | 0,00 € |
| 243 | 0 | - | 337,50 € | 2021 | 1 | 94,50 € | 0,00 € | 0,00 € |
| 291,6 | 0 | - | 405,00 € | 2021 | 1 | 113,40 € | 0,00 € | 0,00 € |
| 340,2 | 0 | - | 472,50 € | 2021 | 1 | 132,30 € | 0,00 € | 0,00 € |
| 388,8 | 0 | - | 540,00 € | 2021 | 1 | 151,20 € | 0,00 € | 0,00 € |
| 486 | 0 | - | 675,00 € | 2021 | 1 | 189,00 € | 0,00 € | 0,00 € |
| 437,4 | 0 | - | 607,50 € | 2021 | 1 | 170,10 € | 0,00 € | 0,00 € |
| 243 | 0 | - | 337,50 € | 2021 | 1 | 94,50 € | 0,00 € | 0,00 € |
| 486 | 0 | - | 675,00 € | 2021 | 1 | 189,00 € | 0,00 € | 0,00 € |

Abbildung 5-8: Die Berechnung der Forderungen

Wenn in der Spalte **Forderung** ein x steht, soll der entsprechende Wert aus der Spalte **Umsatz** angezeigt werden. Wenn kein **x** in der Spalte steht, soll eine **0** geschrieben werden.

Die drei Spalten, die Sie nun eingefügt haben, weisen ein Symbol 📇 auf, das Sie ab jetzt daran erinnert, dass diese Spalten von Ihnen berechnet wurden.

## 5.2 Measures erstellen

Jetzt müssen Sie als Excel-User ganz tapfer sein, wenn Sie das Bilden von Summen in Excel bis jetzt genossen haben. Summen können Sie auch hier in Power BI Desktop bilden, nur Sie sehen das Ergebnis wie beim ersten Beispiel nicht sofort. Sie müssen einen Bericht erstellen, um die Ergebnisse Ihrer Measures zu sehen. Aber der Reihe nach.

## Ein Quickmeasure erstellen

Ein Quickmeasure ist ein fertiger Rechenschritt, in die Sie nur noch die Felder einfügen müssen, die Sie berechnen möchten. In diesem Beispiel soll der durchschnittliche Umsatz je Land ermittelt werden.

- Wechseln Sie in die Ansicht ⊞ **Datenansicht**.
- Klicken Sie anschließend rechts auf die Tabelle **Verkaufsdaten**.
- Wählen Sie die Befehlsfolge **Start / Berechnungen / Quickmeasure**.

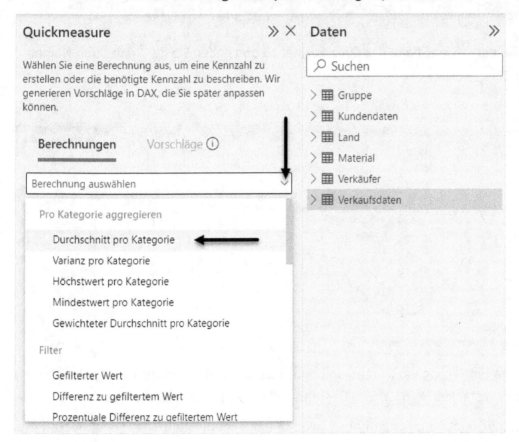

Abbildung 5-9: Die Berechnungen

Hier sehen Sie alle Funktionen, die Ihnen aktuell zur Verfügung stehen.

- Wählen Sie in der Kategorie **Pro Kategorie aggregieren** den Eintrag **Durchschnitt pro Kategorie**.
- Ziehen Sie aus der Tabelle **Verkaufsdaten** den Eintrag **Umsatz** in das Feld **Basiswert**.
- Ziehen Sie das Feld **Land** aus der Tabelle **Land** in das Feld **Kategorie**.

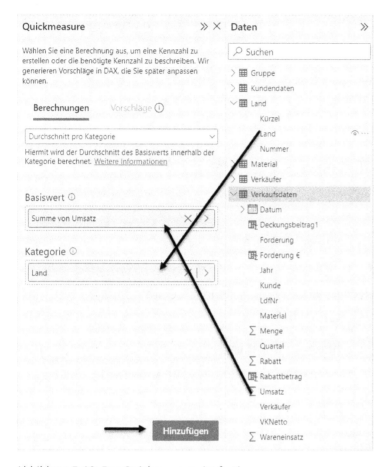

Abbildung 5-10: Das Quickmeasure ist fertig

- Bestätigen Sie mit **Hinzufügen**.

Ihr Quickmeasure hat den Namen **Durchschnittlich Umsatz pro Land** erhalten.

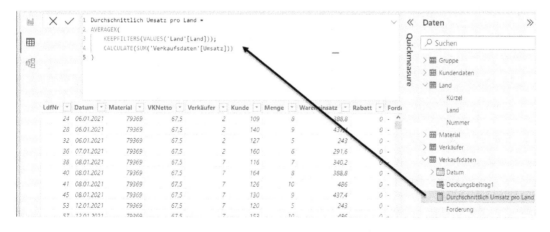

Abbildung 5-11: Die Formel zum Quickmeasure

Wenn das Quickmeasure markiert ist, haben Sie zusätzlich die Registerkarte **Measuretools**. Hier können Sie u.a. den Namen ändern, wenn Sie möchten.

- Weisen Sie Ihrem ersten Quickmeasure das Währungsformat zu. Die Befehle finden Sie auch auf dem Register **Mesasuretools**.

## Die Umsätze summieren

Im zweiten Schritt möchten Sie die Gesamtsumme des Umsatzes bilden.

- Wechseln Sie in die Ansicht **Daten** und lassen Sie sich Ihre Tabelle **Verkaufsdaten** anzeigen.
- Wählen Sie **Start / Berechnungen / Neues Measure**.

Es geschehen zwei Dinge: Zum einen wird rechts in der Tabelle **Verkaufsdaten** ein neues Feld mit dem Namen **Kennzahl** und dem Symbol ▦ angelegt. Zum anderen ist Ihre Bearbeitungsleiste aktiv. Dort steht zurzeit **Kennzahl =**.

- Klicken Sie in die Bearbeitungsleiste hinter **Kennzahl =**.
- Geben Sie die Buchstaben su ein. Sie erhalten die Liste aller Funktionen, die diese Buchstabenfolge enthalten.

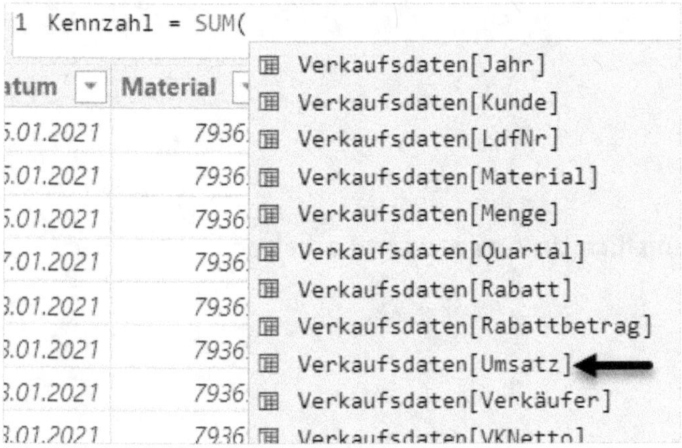

Abbildung 5-12: Die Funktion SUM auswählen

- Drücken Sie jetzt so lange die ↓-Taste, bis die Funktion **SUM** markiert ist und drücken Sie die Tab-Taste. Alternativ können Sie auch einen Doppelklick auf den Funktionsnamen durchführen.

Wählen Sie anschließend das Feld aus dessen Inhalt Sie addieren möchten. Dazu können Sie zum einen die Bildlaufleiste nutzen, die jetzt an der Auswahlliste erscheint.

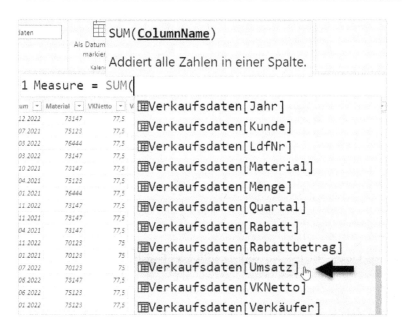

Abbildung 5-13: Die Auswahl der Felder zur Berechnung

Es gibt noch eine andere Möglichkeit, die bei vielen Feldern Zeit spart. Geben Sie die ersten Buchstaben des Feldnamens ein. In diesem Beispiel ums für **Umsatz**. Sofort zeigt Ihnen das Measure nur die Felder an, in denen die drei Buchstaben vorkommen.

Abbildung 5-14: Das Eingrenzen der Felder beim Erstellen einer Formel

- Wählen Sie das Feld **Umsatz** aus der Tabelle **Verkaufsdaten** aus, schließen Sie die Klammer und bestätigen Sie mit ⏎ .

Wie bereits erwähnt, erhalten Sie keine Anzeige des Ergebnisses.

- Geben Sie dem Measure jetzt noch einen aussagekräftigen Namen wie beispielsweise Gesamtsumme. Ändern Sie den Namen über die Registerkarte **Measuretools**. Weisen Sie hier auch direkt das Format **Währung € Euro (123 €)** zu.

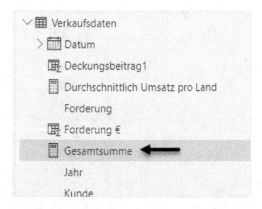

Abbildung 5-15: Das neue Measure bei den Feldern

Sofort wird das Feld alphabetisch in die Liste der Felder der Tabelle **Verkaufsdaten** einsortiert. Das Ergebnis sehen wir uns später an.

## Den Wareneinsatz und die Forderungen summieren

Jetzt sollen noch das Feld **Wareneinsatz** und anschließend auch das Feld **Forderungen** summiert werden.

- Wählen Sie den Befehl **Neues Measure**.
- Klicken Sie in die Bearbeitungsleiste und entfernen Sie alle Inhalte.
- Geben Sie den Text **Wareneinsatz Summe** ein. Damit haben Sie dem Measure einen Namen gegeben. Erfassen Sie nun die folgende Formel:

```
=SUM(Verkaufsdaten[Wareneinsatz])
```

- Drücken Sie zur Bestätigung auf [ ↵ ].

```
1  Wareneinsatz Summe = sum(Verkaufsdaten[Wareneinsatz])
```

Abbildung 5-16: Die Formel kann auch komplett von Hand erfasst werden

- Bilden Sie jetzt auch noch die Summe der Forderungen in einem weiteren Measure. Addieren Sie den Inhalt des Feldes **Forderungen €**, das Sie weiter oben angelegt haben.
- **Nennen** Sie das neue Measure **Forderungen Summe**.

**Hinweis**: Wenn Sie beim Erstellen der Formel einen Fehler gemacht haben, dann erscheint unterhalb der Bearbeitungsleiste ein gelber Hinweis. Wenn Sie dieses Measure entfernen möchten, klicken Sie rechts in der Feldliste mit der rechten Maustaste auf das Measure und wählen Sie den Befehl **Aus Modell löschen**.

## Den Anteil des Wareneinsatzes berechnen

In diesem Measure möchten Sie den prozentualen Anteil Ihres Wareneinsatzes im Vergleich zum Umsatz sehen.

- Wählen Sie **Start / Berechnungen / Neues Measure**.
- Klicken Sie in die Bearbeitungsleiste und entfernen Sie alle Inhalte.
- Erfassen Sie den Measurenamen **Anteil Wareneinsatz** und die Formel in einem Schritt:

```
Anteil Wareneinsatz = [Wareneinsatz Summe]/[Gesamtsumme]
```

- Drücken Sie zur Bestätigung auf ⮐ .

Lassen Sie Ihr Measure markiert, um das Prozentformat zuzuweisen.

- Wählen Sie auf dem Register **Messtools** am Feld **Format** den Eintrag **Prozent**.

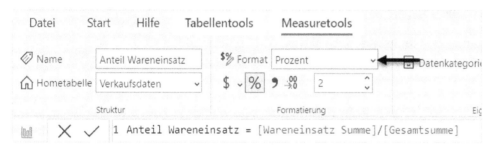

Abbildung 5-17: Ein Measure kann aus anderen Measures erzeugt werden

Jetzt hat der Blindflug ein Ende.

## Die Berechnungen sehen

Wenn Sie die gerade gebildeten Ergebnisse sehen möchten, müssen Sie einen Bericht erstellen. Wir greifen nun etwas vor und erstellen in einem Bericht eine kleine Tabelle, um die Ergebnisse der Measures zu sehen.

- Wechseln Sie in die Ansicht 📊 **Bericht**.
- Klicken Sie rechts im Bereich **Visualisierungen** auf die Schaltfläche ▦ **Tabelle**.

Sie erhalten eine leere Kachel mit der Tabellenvorlage.

- Lassen Sie sich im Bereich **Felder** den Inhalt der Tabelle **Verkaufsdaten** anzeigen.
- Setzen Sie den Haken vor den Feldern **Gesamtsumme**, **Forderungen Summe**, **Wareneinsatz Summe**, **Anteil Wareneinsatz** und **Durchschnittlich Umsatz pro Land**. Alle fünf Felder haben als Kennzeichnung das 🖩 Symbol.

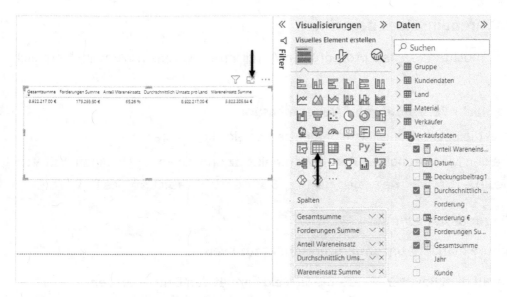

Abbildung 5-18: Das Visual **Tabelle** zur Darstellung der Measures

- Klicken Sie oben rechts in der Kachel auf das Icon **Fokusmodus**.

Abbildung 5-19: Die vergrößerte Kachel

- Klicken Sie auf die Schaltfläche **Zurück zum Bericht.** Um die Kachel zu entfernen, klicken Sie auf den Rand der Kachel und drücken Sie `Entf`.
- Speichern Sie Ihre Änderungen.

## 5.3 Neue Tabellen erstellen

Mit dem Befehl **Neue Tabelle** erstellen Sie, wie der Name es schon verrät, eine neue Tabelle. Ihnen stehen mehrere Funktionen, wie z. B. UNION, DISTINCT, CALENDAR und weitere zur Verfügung.

### Der Befehl DISTINCT

Mit dem Befehl DISTINCT lassen Sie sich jeder Wert, egal wie oft er in einer Liste vorkommt, nur einmal anzeigen. Im folgenden Beispiel möchten Sie eine Liste der Orte erhalten, in denen Ihre Kunden wohnen.

- Wechseln Sie in die Datenansicht.

- Wählen Sie die Befehlsfolge **Start / Neue Tabelle**.

- Klicken Sie in die Bearbeitungsleiste, löschen Sie alle Inhalte heraus, erfassen die folgende Formel und drücken Sie ⟵ .

```
Orte = DISTINCT(Kundendaten[Ort])
```

Abbildung 5-20: Mit dem Befehl DISTINCT lassen Sie sich jeden Wert nur einmal anzeigen

In der Feldliste erkennen Sie die Tabelle am Symbol ⊞.

## Eine Kalendertabelle erstellen

Wenn Sie eine Tabelle mit den Daten z. B. vom 01. Januar 2018 bis zum 31. Dezember 2024 haben möchten, dann führen Sie die folgenden Schritte durch:

- Wählen Sie die Befehlsfolge **Start / Neue Tabelle**.

- Klicken Sie in die Bearbeitungsleiste, löschen Sie alle Inhalte heraus, erfassen die folgende Formel und drücken Sie ⟵ .

```
Kalender = CALENDAR(Date(2018;01;01); Date(2024;12;31))
```

- Wenn Sie nur das Datum sehen möchten, wählen Sie auf der Registerkarte **Spaltentools** im Feld Format den Eintrag **\*14.03.2001 (Short Date)** aus.

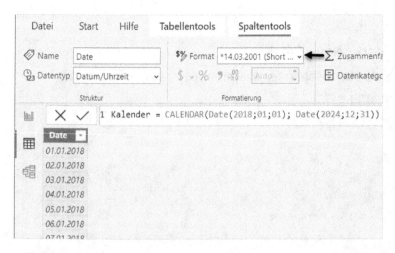

Abbildung 5-21: Mit dem Befehl CALENDER können Sie eine Kalendertabelle erzeugen

**Hinweis**: Sie können die Datumsbereiche Ihrer Kalendertabelle auch dynamisch erstellen. So können Sie das Start- und das Enddatum aus Ihrer Verkaufstabelle nehmen.

```
Kalender = CALENDAR(FIRSTDATE(Verkaufsdaten[Datum]);
LASTDATE(Verkaufsdaten[Datum]))
```

Abbildung 5-22: Power BI Desktop hat die Datumsangaben in eine Hierarchie gesetzt

- Wechseln Sie jetzt in die **Modell**-Ansicht und stellen Sie eine Beziehung zwischen den beiden Datumsfeldern in der Tabelle **Kalender-** und in der **Verkaufs**-Tabelle.

**Hinweis**: Power BI Desktop hat die Felder der neuen Tabelle Kalender in eine Datumshierarchie eingeteilt. Die Hierarchien werden im Kapitel 7 eingesetzt.

# 6 Einen Bericht erstellen

Jetzt wird es bunt. Die importierten und bearbeiteten Daten werden nun in Berichten zusammengefasst.

Sie erstellen jetzt Diagramme und andere grafische Elemente und Sie müssen Ihre Daten nicht mehr bearbeiten, wie beispielsweise aggregieren. Das hat der Befehl **Zusammenfassung** auf dem Register **Spaltentools** bereits für Sie erledigt. Er wurde im **Kapitel 3** vorgestellt.

- Wechseln Sie in die Ansicht **Berichtansicht**.

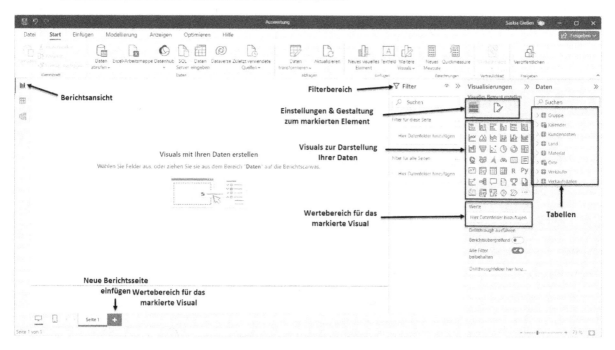

Abbildung 6-1: Der leere Bericht

Ein Bericht besteht aus einer oder mehreren Berichtsseiten. Dabei stehen Ihnen nach der Installation von Power BI Desktop im Bereich **Visualisierungen** viele Elemente zur Präsentation zur Verfügung. So ein Element wird **Visual** genannt.

**Hinweis**: Am Ende dieses Kapitels erfahren Sie, wie Sie die Größe der Berichtsseite einstellen.

**Tipp**: Power BI Desktop bietet Ihnen mit der Befehlsfolge **Anzeigen / Gitternetzlinien einblenden** eine ähnliche Funktionalität wie in PowerPoint. Sie erhalten Rasterlinien, an denen Sie Ihre Kacheln ausrichten können. Wenn Sie zusätzlich den Haken **Objekte am Raster ausrichten** aktivieren, können Sie die Kacheln mit den Visuals besser positionieren.

Abbildung 6-2: Die Visuals

Es gibt Visuals für Diagramme, Landkarten, Tabellen usw. Das tolle an Power BI Desktop ist, dass jeder Visuals erstellen kann. Das bedeutet, es werden ständig neue Visuals hinzukommen.

**Hinweis**: Sie können weitere Visuals importieren. Dies wird im Kapitel 9 beschrieben.

## 6.1 Ein Balkendiagramm erstellen

Anders als in Excel erstellen Sie in Power BI Desktop zuerst eine leere Kachel mit einer Diagrammvorlage und fügen erst im Anschluss die Daten ein.

Es soll ein Balkendiagramm zum Umsatz der Materialien erzeugt werden.

- Klicken Sie im Bereich **Visualisierungen** auf die Schaltfläche ⊑ **Balkendiagramm**.

Auf Ihrer Berichtsseite wird eine leere Kachel angezeigt.

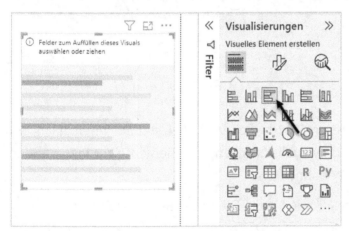

Abbildung 6-3: Die leere Kachel zum gewählten Visual

Das Geheimnis von Power BI Desktop liegt darin, die Felder (Spalten) aus den Tabellen in die richtigen Datenfelder zu ziehen.

Abbildung 6-4: Die zurzeit noch leeren Felder für das Diagramm

Im Bereich **Felder** können Sie sich jetzt mit einem Klick auf einen Tabellennamen die Felder (Spalten) anzeigen lassen.

- Klicken Sie auf den Pfeil $\rangle$ vor der Tabelle **Material** und anschließend auf den Pfeil vor der Tabelle **Verkaufsdaten**.

Jetzt sehen Sie die Felder der beiden Tabellen. Diese beiden Tabellen beinhalten die Daten, aus denen Sie das Diagramm erzeugen möchten.

- Aktivieren Sie die Haken vor den Feldern **Material** und **Umsatz**.

Die Felder werden automatisch in die Datenfelder **Y-Achse** und **X-Achse** eingefügt.

Abbildung 6-5: Die Felder für das Diagramm

**Tipp:** Sollten die Felder nicht in die von Ihnen gewünschten Bereiche eingefügt werden, klicken Sie auf **Rückgängig**. Sie können die Felder auch durch Ziehen in die gewünschten Bereiche bringen. Achten Sie darauf, dass Sie die Maustaste erst dann loslassen, wenn der Mauszeiger über dem Text **Hier Datenfelder hinzufügen** steht.

In dem Moment, in dem die Felder an den richtigen Stellen stehen, wird das Diagramm erzeugt.

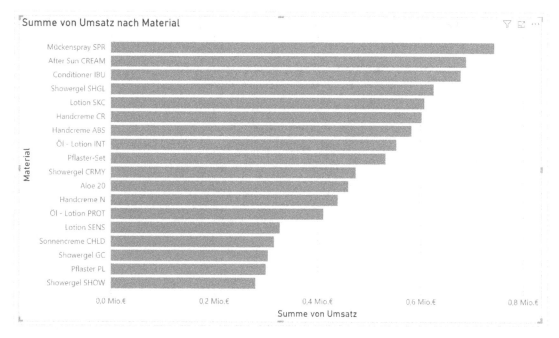

Abbildung 6-6: Das Balkendiagramm in einer Kachel

**Hinweis**: Die Farben der Balken werden, wie in Excel auch von den Designs bestimmt. Sie ändern ein Design über die Registerkarte **Anzeigen** am gleichnamigen Feld. Im letzten Kapitel finden Sie Tipps, wie Sie sich ein eigenes Design erstellen.

In der Liste der Felder sind die Tabellen, die zur Erstellung des markierten Visuals verwendet werden, durch dieses Symbol 🗒 gekennzeichnet.

Die Daten der beiden Tabellen werden dank der Beziehungen zusammengebracht. Der Umsatz wird pro Material in die Summe aggregiert. Im Kapitel 3 haben Sie ein Beispiel zur **Zusammenfassung** gesehen. Dies ist der Grund, warum Sie Ihre Daten anders als in Excel, **nicht** für ein Diagramm vorbereiten müssen.

**Tipp**: Wenn Sie lieber die Anzahl oder den Mittelwert in den Balken sehen möchten, klicken Sie mit der rechten Maustaste in der Kategorie **X-Achse** auf den Eintrag **Summe von Umsatz** und wählen Sie die gewünschte Funktion. Außerdem können Sie das Feld für dieses Visual umbenennen.

Sollten Ihnen die Balken nicht zusagen, lassen Sie die Kachel markiert und klicken Sie einfach auf ein anderes Visual. Sofort werden die beiden von Ihnen gewählten Felder in einer anderen Weise gezeigt.

Das Diagramm ist jetzt automatisch interaktiv. Das bedeutet, wenn Sie mit der Maus auf einen Balken zeigen, erscheinen alle Informationen der gewählten Felder am Mauszeiger.

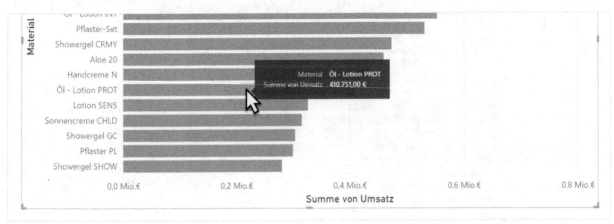

Abbildung 6-7: Das Diagramm ist interaktiv

**Tipp**: Im Kontextmenü für einen Balken verbergen sich noch weitere Befehle. Der Befehl **Als Tabelle anzeigen** zeigt in einer Tabelle alle Werte, die zur Erstellung des Balkens benötigt werden. Der Befehl **Datenpunkt als Tabelle anzeigen** zeigt die aggregierten Daten, auf denen das Diagramm basiert. Mit einem Klick auf das Icon **Zurück zum Bericht** wird wieder das Diagramm angezeigt. Über den Befehl **Ausschließen** blenden Sie Balken von der Anzeige aus. Um diese Balken später wieder einzublenden, nutzen Sie den Filter, der im Folgenden beschrieben wird.

## Daten filtern

Wenn Sie nur die Umsätze bestimmter Materialien sehen möchten, dann können Sie direkt neben den Visuals filtern.

- Klicken Sie im Bereich **Filter** auf den Eintrag **Material (Alle)** und filtern Sie die gewünschten Daten heraus.

Der Filter funktioniert genauso wie in Excel. Im unteren Teil des Filters können Sie nun auch zusätzlich einen Filter für das Feld **Umsatz** einstellen. Z. B. alle Umsätze über 100.000 €.

**Hinweis**: Zeigen Sie einmal mit der Maus auf das Filter-Symbol ▽ oben rechts im Diagramm. Jetzt erkennen Sie, welcher Filter zurzeit aktiv ist.

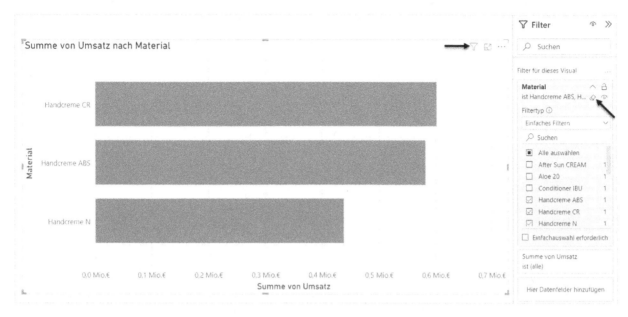

Abbildung 6-8: Der aktivierte Filter

- Entfernen Sie den Filter wieder, indem Sie auf das Icon ⬦ **Filter löschen** klicken. Dieses Icon sehen Sie, wenn Sie mit der Maus in den Filterbereich zeigen.

**Tipp**: Im nächsten Kapitel **7 Ein Bericht mit Tabellen** wird dieser Filter weiter beschrieben. In Power BI Desktop gibt es auch den **Datenschnitt**. Dieser visuelle Filter wird weiter unten in diesem Kapitel beschrieben.

**WICHTIG**: In diesem Filterbereich finden Sie neben dem Filter für dieses Visual noch zwei weitere Filter: **Filter für diese Seite** und **Filter für alle Seiten**. Der Filter für diese Seite filtert alle Visuals, die sich auf der aktuellen Berichtsseite befinden. Der Filter für alle Seiten filtert alle Visuals auf allen Berichtsseiten. Wenn Sie einmal das Gefühl haben, dass Sie nicht alle Daten sehen, kontrollieren Sie zum einen direkt am Visual über das Icon ▽, ob ein Filter angewendet wird und schauen Sie anschließend ganz unten in den Filterbereich. Entfernen Sie ggf. über das Icon ⬦ **Filter löschen** den Filter.

## Analyseelemente ins Diagramm einfügen

Sie können Linien zum Kennzeichnen bestimmter Werte mit einem Klick ins Diagramm einfügen.

- Markieren Sie die Kachel mit dem Balkendiagramm.
- Klicken Sie oberhalb des Bereichs **Visualisierungen** auf das Symbol 🗠 **Analyse**.

Sie erhalten die Liste der Linien, die Sie einfügen können:

Abbildung 6-9: Analyselinien einfügen

| | |
|---|---|
| **Bezugslinie** | **Für die Bezugslinie können Sie einen Wert festlegen, bei dem die Linie gezogen wird.** |
| Linie für Mindestwert | Hier wird die Linie am kleinsten Wert gezogen. |
| Linie für Maximalwert | Hier wird die Linie am höchsten Wert gezogen. |
| Durchschnittslinie | Hier wird die Linie am Mittelwert eingefügt. |
| Linie für Medianwert | Der Median ist der Wert, der genau in der Mitte aller Zahlenwerte liegt. |
| Linie für Perzentil | Mit dieser Linie teilen Sie das Diagramm an einem bestimmten Anteil. |
| Fehlerbalken | Im dieser Option kennzeichnen Sie Abweichungen. |

Angenommen, Sie möchten den Mittelwert in Ihrem Diagramm anzeigen.

- Klicken Sie auf den Eintrag **Durchschnittslinie**.
- Klicken Sie auf den Link **Zeile hinzufügen**.

In den Feldern darunter, die Sie erst jetzt sehen, können Sie Einstellungen für die Linie vornehmen.

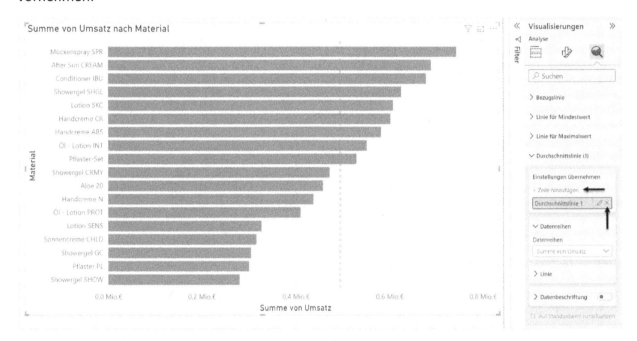

Abbildung 6-10: Die Linie am Mittelwert

- Entfernen Sie die Linie, indem Sie auf das ✕ neben dem Feld **Durchschnittslinie 1** klicken.

## Das Diagramm gestalten

Sie können das Diagramm gestalten. Dabei hat jedes Visual eigene Formatierungsbefehle.

- Markieren Sie Ihr Balkendiagramm.
- Klicken Sie oberhalb des Bereichs **Visualisierungen** auf das Symbol 🖉 **Visual formatieren** .

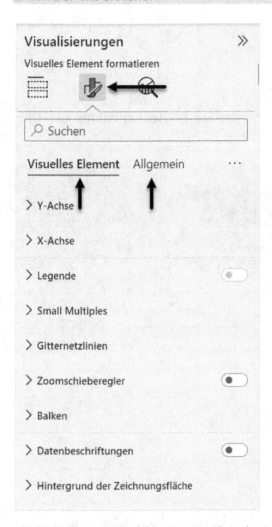

Abbildung 6-11: Die Befehle zum Gestalten des Diagramms

Angenommen, Sie möchten die Werte in den Balken sehen.

- Setzen Sie als erstes in der Zeile **Datenbeschriftung** den Regler nach rechts
  › Datenbeschriftungen ⬤ auf **Ein**. Zu jedem Balken wird der Wert angezeigt.
- Klicken Sie jetzt auf den Pfeil ›, um weitere Einstellungen vorzunehmen.
- Wählen Sie im Feld **Position** den Eintrag **Innen Mitte** und vergrößern Sie die **Textgröße** oder ändern Sie die **Schriftart** oder die **Schriftfarbe** über die Kategorie **Wert**.
- Um die **Anzeigeeinheiten** zu ändern, wählen Sie in diesem Beispiel den Eintrag **Tausende**.

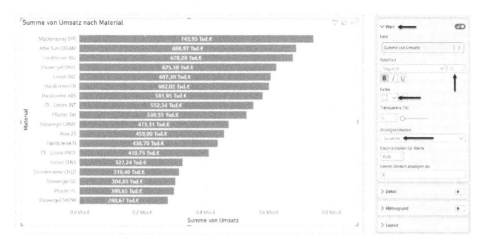

Abbildung 6-12: Die Datenbeschriftung hinzufügen und anpassen

Wenn Ihnen die Überschrift links oben in der Ecke zu klein ist, ändern Sie sie doch einfach.

- Klicken Sie unter Visuals auf den Eintrag **Allgemein** und klicken Sie auf das Dreieck am Feld **Titel** >.
- Im ersten Feld können Sie den Text ändern.
- In den nächsten Feldern ändern Sie die Position sowie die Schrift- und Füllfarbe.
- An den letzten Feldern können Sie die Schriftgröße und die Schriftart einstellen.

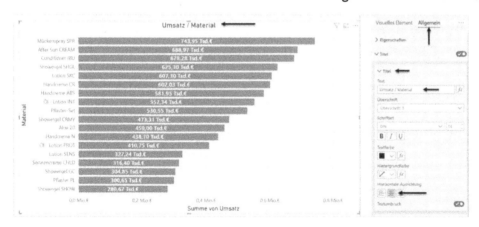

Abbildung 6-13: Den Titel und die Schriftgröße ändern

Wenn Sie für Ihren Bericht mehr Platz benötigen, können Sie die drei Bereiche **Filter, Visualisierungen** und **Felder** mit einem Klick auf ≫ ausblenden. Ein erneuter Klick blendet die Felder auch wieder ein.

Mit einem Klick auf die drei Punkte in der rechten oberen Ecke jeder Kachel ⋯ **Weitere Optionen** können Sie u.a. die Balken sortieren.

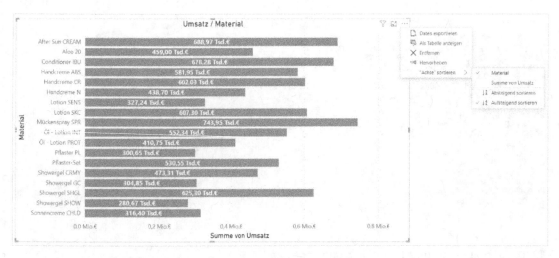

Abbildung 6-14: Die Balken alphabetisch nach dem Material sortieren

Sollte Ihnen diese Sortierung nicht zusagen, klicken Sie auf **Rückgängig** oder wählen Sie den Befehl **Sortieren nach / Summe von Umsatz**.

Der Befehl **Als Tabelle anzeigen** teilt Ihren Bildschirm. Im oberen Teil sehen Sie das Diagramm und im unteren Teil sehen Sie die Daten in tabellarischer Darstellung. Mit dem Icon **Zum vertikalen Layout wechseln** wird die Tabelle neben dem Diagramm angezeigt. Mit einem Klick auf das Icon **Zurück zum Bericht** gelangen Sie wieder zurück in die Berichtsansicht.

Mit dem Befehl **Daten exportieren** werden genau die Daten, die zur Erstellung des Diagramms benötigt werden, in eine CSV-Datei gebracht. Für das aktuelle Diagramm sieht die Datei folgendermaßen aus:

Abbildung 6-15: Die Balken nach dem Umsatz sortieren

Für den Fall, dass Sie Ihr Diagramm über den ganzen Bildschirm zeigen möchten, nutzen Sie das Icon ⊡ **Fokusmodus** am rechten oberen Rand. Mit einem Klick auf das Icon **Zurück zum Bereich** am linken oberen Bildschirmrand verkleinert sich das Diagramm wieder in die ursprüngliche Größe.

**Hinweis**: Power BI Desktop bietet Ihnen mit der Befehlsfolge **Anzeigen / Gitternetzlinien** eine ähnliche Funktionalität wie in PowerPoint. Sie erhalten Rasterlinien, an denen Sie Ihre Kacheln ausrichten können.

## 6.2 Ein Liniendiagramm erstellen

Das zweite Diagramm soll ein Liniendiagramm werden, das den Umsatzverlauf über die Jahre anzeigt und es soll zusammen mit dem Balkendiagramm auf der ersten Berichtsseite angezeigt werden.

- Klicken Sie auf eine leere Stelle in Ihrem Bericht. Es darf keine Kachel markiert sein.
- Klicken Sie bei den Visuals auf das Icon ⬚ **Liniendiagramm**.
- Ziehen Sie das Feld **Jahr** aus der Tabelle **Verkaufsdaten** in das Datenfeld **X-Achse**.
- Ziehen Sie das Feld **Umsatz** in das Datenfeld **Y-Achse**.

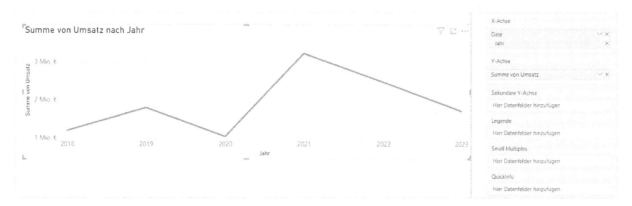

Abbildung 6-16: Ein Liniendiagramm

Sofort ist das Liniendiagramm fertig.

Mithilfe des Symbols ⬚ **Visual formatieren** können Sie das Diagramm gestalten. In diesem Beispiel sollen die Linienstärke und das Zahlenformat an der Y-Achse verändert werden.

- Öffnen Sie die Kategorie **Linien**, klicken Sie auf den Eintrag **Form** und verändern Sie die Strichstärke.

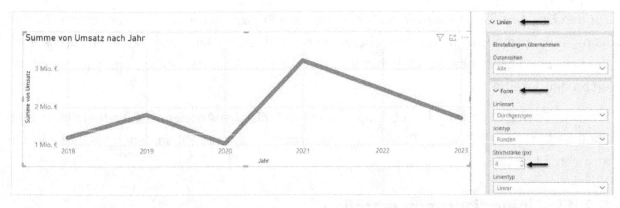

Abbildung 6-17: Die Formatierung der Linie ändern

Auch hier zeigt Ihnen der Bericht den aktuellen Wert, wenn Sie mit der Maus darauf zeigen.

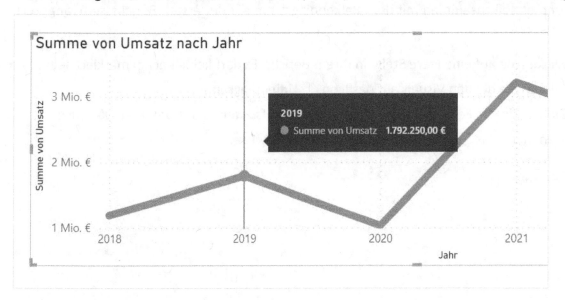

Abbildung 6-18: Der Wert des ausgewählten Objektes

## Die Small Multiples

Mit dem Befehl **Small Multiples** wandeln Sie ein Diagramm in viele kleine Diagramme um.

- Lassen Sie die Kachel markiert und ziehen Sie das Feld **Gruppe** aus der Tabelle **Gruppe** ins Feld **Small Multiples**.
- Zu Beginn sehen Sie vier Diagramme in der Kachel. Wenn Sie mehr Diagramme sehen möchten, klicken Sie auf das Icon 🖊 **Visual formatieren**, klicken Sie am Feld **Small Multiple-Raster** auf das ❯ und öffnen Sie dann die Anzeige der Kategorie **Layout**. Stellen Sie die Anzahl der Zeilen und der Spalten ein.

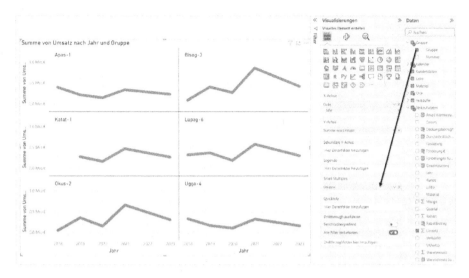

Abbildung 6-19: Small Multiples sind kleine Diagramme

Entfernen Sie die Gruppe wieder aus dem Feld **Small Multiples**.

## Eine Vorhersage hinzufügen

Power BI Desktop bietet Ihnen ein Prognose-Tool an.

- Lassen Sie das Liniendiagramm markiert und klicken Sie auf das Symbol 🔍 **Analyse**.
- Schalten Sie die Kategorie **Vorhersage** ein und klicken Sie auf das Icon ⟩.

Zu Beginn wird die Prognose für die nächsten zehn Jahre basierend auf allen Daten erstellt.

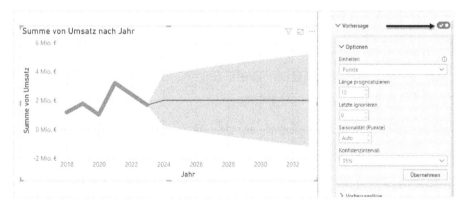

Abbildung 6-20: Die Prognose bis 2032

Sie möchten die Vorschau nur bis 2025 erstellen.

- Geben Sie im Feld **Länge** eine **3** ein.
- Klicken Sie unten rechts in der Kategorie **Vorhersage** auf den Link **Übernehmen**.

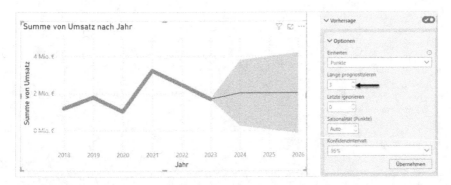

Abbildung 6-21: Die Vorhersage bis 2026

Weiter unten in der Kategorie **Vorhersage** können Sie die Farbe und die Darstellung der prognostizierten Elemente ändern.

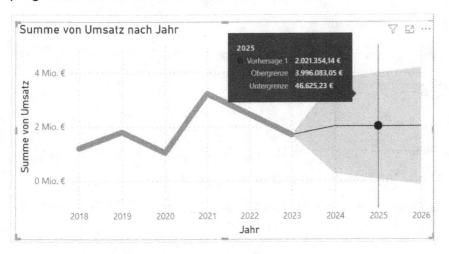

Abbildung 6-22: Die Werte der Prognose für 2025

Wenn Sie mit der Maus auf einen prognostizierten Wert zeigen, erhalten Sie neben dem ermittelten Wert auch die mögliche Ober- und Untergrenze.

**Hinweis**: Diese Funktionalität gibt es auch in Excel ab der Version 2016. Dort heißt sie **Prognoseblatt**.

- Entfernen Sie die Vorhersage wieder, indem Sie am Feld **Vorhersage** ⬤⬤ den Haken im Feld mit einem Mausklick entfernen.

## 6.3  Einen Datenschnitt einfügen

Die Datenschnitte gibt es seit der Excel Version 2010. Es sind visuelle Filter, die ganz leicht zu erstellen und zu bedienen sind.

- Klicken Sie auf eine leere Stelle in Ihrem Bericht. Es darf keine Kachel markiert sein.
- Klicken Sie bei den Visuals auf das Icon 🔣 **Datenschnitt**.
- Ziehen Sie das Feld **Name** aus der Tabelle **Verkäufer** in den Bereich **Feld**.

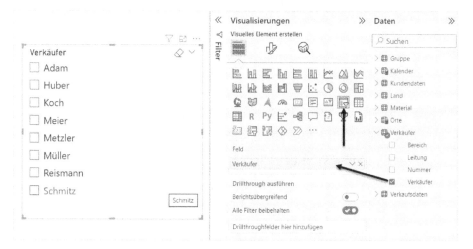

Abbildung 6-23: Den ersten Datenschnitt erstellen

Testen Sie Ihren Datenschnitt, indem Sie auf einen Namen klicken. In beiden Diagrammen ändern sich jetzt die Werte.

**Tipp**: Wie in Excel auch können Sie hier mehrere Elemente mit gedrückter Strg-Taste markieren.

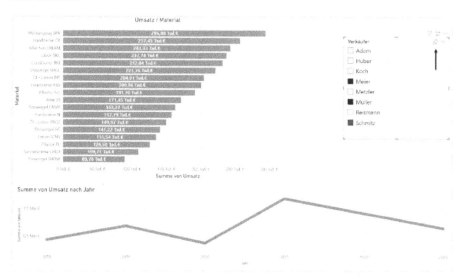

Abbildung 6-24: Der Filter über den Datenschnitt gilt für alle Elemente auf dem Berichtsblatt

**Tipp**: Sie haben Möglichkeit, weitere Datenschnitt-Visuals hinzuzufügen. So gibt es beispielsweise eines, dass aus Schaltern besteht. Lesen Sie im Kapitel 9, wie Sie weitere Visuals hinzufügen.

- Entfernen Sie den Filter wieder, indem Sie auf das Icon **Auswahl löschen** klicken.

## Den Datenschnitt gestalten

Sie können den ganzen Datenschnitt gestalten.

- Markieren Sie den Datenschnitt und klicken Sie auf das Symbol ⌇ **Visual formatieren**.
- Aktivieren Sie die Kategorie **Werte** und ändern Sie die Textgröße und die Textfarbe.
- Über die Kategorie **Optionen** können Sie **Kacheln** oder ein **Listenfeld** zur Auswahl der Namen einstellen.

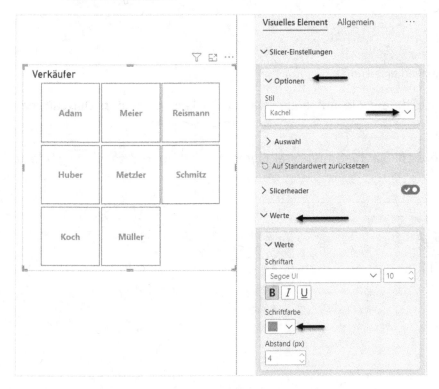

Abbildung 6-25: Die Einstellungen im Datenschnitt ändern

- Positionieren Sie durch Ziehen mit der Maus alle Kacheln auf der Berichtsseite.

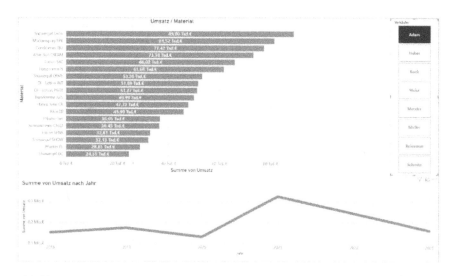

Abbildung 6-26: Der erste Bericht ist fertig

Sie können auch weitere Datenschnitte auf dieser Berichtsseite einfügen. Wenn Sie weitere Diagramme auf der aktuellen Berichtsseite einfügen, sind diese direkt mit den Datenschnitten verbunden.

## Mehrere Felder in einen Datenschnitt ziehen

Sie können auch mehr als ein Feld in den Datenschnitt ziehen. In diesem Beispiel werden die beiden Felder **Gruppe** und **Material** im Datenschnitt eingesetzt.

- Klicken Sie auf den leeren Hintergrund Ihrer Berichtsseite.
- Wählen Sie das Visual **Datenschnitt** aus.
- Wählen Sie nacheinander zuerst das Feld **Gruppe** aus der gleichnamigen Tabelle aus. Dann das Feld **Material** auch aus der gleichnamigen Tabelle.

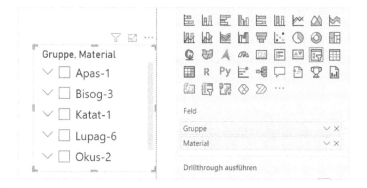

Abbildung 6-27: Da Sie zwei Felder gewählt haben, erscheint automatisch der Auswahlpfeil

- Jetzt können Sie direkt alle Materialen einer Gruppe auswählen oder einzelne Materialien.

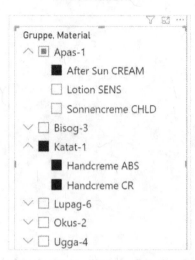

Abbildung 6-28: Direkt ganze Gruppen wählen oder doch einzelne Materialien

- Schalten Sie den Filter wieder aus, klicken Sie auf den Rand des Datenschnitts und entfernen Sie ihn wieder, indem Sie die Taste ⌈Entf⌉ drücken.

## 6.4 Das Visual Karte

Ein weiteres Visual ist die **Karte**. Hier können Sie einen Wert sehr aussagekräftig darstellen.

- Klicken Sie auf den weißen Hintergrund Ihrer Berichtsseite, damit keine Kachel markiert ist.
- Klicken Sie auf das Visual **Karte** und ziehen Sie das Feld **Umsatz** in den Bereich **Felder**.

Abbildung 6-29: Eine Karte zeigt einen Wert

- Um die Karte zu gestalten, klicken Sie auf das Icon ⬇️ **Visual formatieren**.
- Stellen Sie am Feld **Legendenwert** die Schriftgröße und –farbe ein. Außerdem können Sie im Feld **Anzeigeeinheiten** die Darstellung des Wertes z. B. von Millionen in Tausend ändern.

Abbildung 6-30: Der Inhalt einer Karte kann gestaltet werden

- Wenn Sie jetzt noch eine Karte mit der Anzahl der Verkäufe einfügen möchten, klicken Sie erneut auf das Visual **Karte** und ziehen Sie das Feld **LfdNr** aus der Tabelle **Verkaufsdaten** in den Bereich **Felder**.
- Wenn noch die Zusammenfassung **Summe** auf dem Feld steht, klicken Sie auf das kleine Dreieck und wählen Sie den Eintrag **Anzahl** aus.

Abbildung 6-31: Den Rechenschritt am Visual einstellen

- Um den Text im Visual zu ändern, klicken Sie erneut auf das Dreieck und wählen Sie den Befehl **Für dieses Visual umbenennen**. Nun können Sie Ihren Wunschtext erfassen.

Abbildung 6-32: Den Anzeigetext am Visual ändern

## 6.5  Die Kacheln gestalten

Sie können die Kacheln individuell gestalten und z. B. einen Rahmen zuweisen oder sie einen Schatten werfen lassen.

- Markieren Sie eine Kachel, klicken Sie auf das Icon **Visual formatieren** und wählen Sie die Befehlsfolge **Allgemein / Effekte**.
- Aktivieren Sie den Bereich **Visueller Rahmen** und wählen Sie eine Farbe aus.
- Wenn die Kachel abgerundete Ecken haben soll, stellen Sie den gewünschten Wert im Feld darunter ein.
- Wenn die Kachel einen Schatten werfen soll, aktivieren Sie den Bereich **Schatten**.

Abbildung 6-33: Die markierte Kachel gestalten

Die Gestaltungsschritte können Sie für jede Kachel individuell einstellen.

**Hinweis**: Über den Eintrag **Hintergrund** können Sie jeder Kachel eine Füllfarbe oder ein Foto zuweisen.

- Speichern Sie Ihre Arbeit.

## 6.6 Den Bericht in ein PDF-Dokument ausgeben

Wenn Sie Ihren Bericht nun drucken möchten, müssen Sie ihn zuerst in eine PDF-Datei ausgeben.

- Wählen Sie **Datei / Exportieren / In PDF exportieren**.

Abbildung 6-34: Der Bericht im PDF-Format

Die PDF-Datei hat den Namen der Power BI Desktop-Datei.

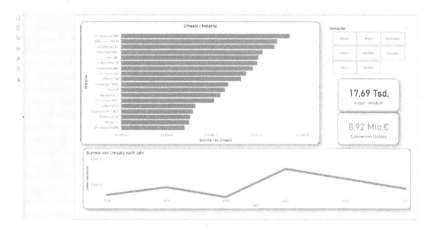

Abbildung 6-35: Der Bericht im PDF-Format

## 6.7 Die Berichtsseite einstellen

Die Berichtsseiten haben zu Beginn die Seitengröße 16:9.

- Stellen Sie sicher, dass auf der Berichtsseite keine Kachel markiert ist und klicken Sie auf das Icon **Berichtsseiten formatieren**.

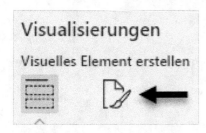

Abbildung 6-36: Die Einstellungen der Berichtsseiten anpassen

- Öffnen Sie die Einstellungen zur Seite mit einem Klick auf das Icon ⟩ **Canvas-Einstellungen**.
- Am Feld **Typ** finden Sie weitere Seitengrößen.

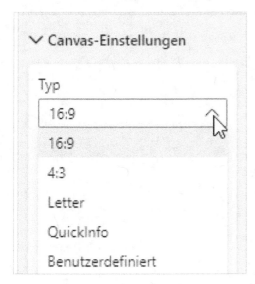

Abbildung 6-37: Die Größe der Berichtsseite einstellen

**Hinweis**: Über die weiteren Kategorien können Sie z. B. auch den Filterbereich mit farbigen Feldern optisch aufpeppen.

# 7 Ein Bericht mit Tabellen

Exakte Aussagen in Berichten lassen sich am schnellsten mit Tabellen realisieren. Power BI Desktop bietet Ihnen mehrere Visuals zur tabellarischen Darstellung Ihrer Daten an. Zum bequemen Filtern nach Datumswerten können Sie wieder einen Datenschnitt einsetzen.

Die folgende Abbildung zeigt ein Beispiel. Zur optischen Auflockerung wurde ein Bild in diesem Bericht eingefügt.

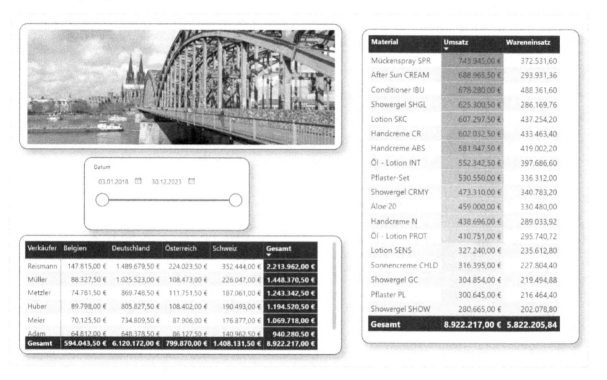

Abbildung 7-1: Ein Bericht mit Tabellen, einem Datenschnitt und einem Foto

Im ersten Schritt fügen Sie eine neue Berichtsseite ein.

- Klicken Sie auf die Schaltfläche ➕ **Neue Seite**.
- Geben Sie dieser neuen Berichtsseite direkt den Namen **Tabellen**. Am schnellsten ändern Sie den Namen mit einem Doppelklick.
- Ändern Sie auch gleich den Namen der **Seite 1** um in **Diagramme**.

Abbildung 7-2: Die neue leere Berichtsseite

# 7.1 Eine Tabelle einfügen

Im ersten Schritt soll eine Liste der Materialien mit dem Gesamtumsatz und dem Wareneinsatz pro Material erzeugt werden.

- Klicken Sie auf das Icon ⊞ **Tabelle** im Bereich **Visualisierungen**. Sofort wird die leere Kachel mit der Tabellenvorlage auf Ihrem Bericht angezeigt.

- Öffnen Sie im Bereich **Felder** die Tabelle **Material** und aktivieren Sie den Haken **Material**.

Jetzt werden in der ersten Spalte der Tabelle alle Materialnamen untereinander angezeigt.

- Öffnen Sie die Tabelle **Verkaufsdaten** und aktivieren Sie die Haken **Umsatz** und **Wareneinsatz**.

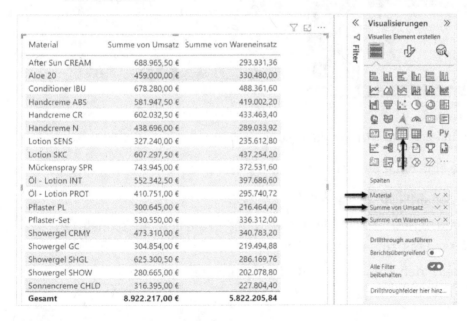

Abbildung 7-3: Damit ist Ihre Tabelle fertig

## 7.2 Tabellen gestalten

Wie bei den Diagrammen auch können Sie Ihre Tabelle gestalten.

- Ändern Sie die Texte der beiden Zahlenspalten direkt über die Felder, die Sie gerade gezogen haben, um in **Umsatz** und **Wareneinsatz**.

- Markieren Sie die Tabelle und klicken Sie auf das Icon ✍ **Visual formatieren**.

- Aktivieren Sie die Kategorie **Spaltenüberschriften** und verändern Sie die **Textgröße**. Ändern Sie auch die Schriftgröße des Tabelleninhalts über die Kategorie **Werte** und die Kategorie **Gesamtsummen**.

Abbildung 7-4: Das Verbreitern der Spalten funktioniert analog zu Excel durch Ziehen mit der Maus

- Wenn Sie Ihrer Tabelle ein vordefiniertes Format zuweisen wollen, aktivieren Sie die Kategorie **Stilvoreinstellungen**.

- In der Liste finden Sie einige Muster.

Abbildung 7-5: Den Stil der Tabelle auswählen

In der Kategorie **Zellelemente** können Sie Ihre Zahlen mit Farben, Balken oder Symbolen bewerten, ähnlich wie die bedingte Formatierung in Excel.

- Aktivieren Sie die Kategorie **Zellelemente** und schalten Sie die die **Hintergrundfarbe** ein. Über die Schaltfläche **fx** darunter, können Sie nun die Einstellung für die bedingte Formatierung ändern.

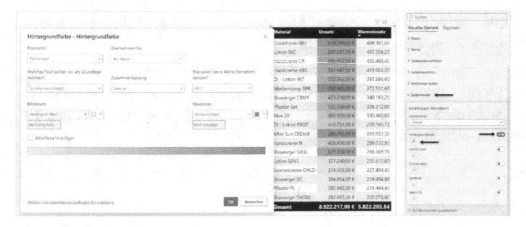

Abbildung 7-6: Die bedingte Formatierung

# 7.3 Eine Matrix einfügen

Über das Visual **Matrix** können Sie eine Kreuztabelle aus Ihren Daten erzeugen. In diesem Beispiel sollen die Verkäufer, die Länder und der Umsatz gezeigt werden.

- Klicken Sie auf Ihre Berichtsseite. Es darf nichts markiert sein.
- Klicken Sie auf das Visual ⊞ **Matrix**.

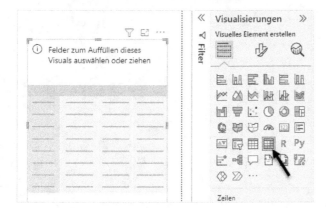

Abbildung 7-7: Die leere Matrix

Die leere Matrix zeigt bereits ein mögliches Muster, das aus Zeilen und Spalten besteht.

- Ziehen Sie aus der Tabelle **Verkäufer** das Feld **Name** ins Feld **Hier Datenfelder hinzufügen** im Bereich **Zeilen**.

- Ziehen Sie das Feld **Land** aus der gleichnamigen Tabelle in den Bereich **Spalten**.
- Das Feld **Umsatz** aus der Tabelle **Verkaufsdaten** gehört in diesem Beispiel in den Bereich **Werte**.

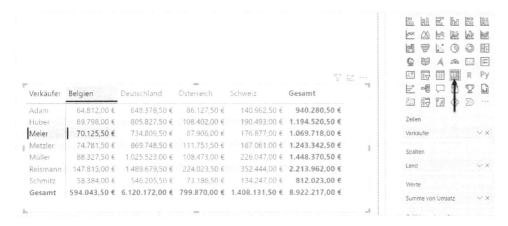

| Verkäufer | Belgien | Deutschland | Österreich | Schweiz | Gesamt |
|---|---|---|---|---|---|
| Adam | 64.812,00 € | 648.378,50 € | 86.127,50 € | 140.962,50 € | 940.280,50 € |
| Huber | 89.798,00 € | 805.827,50 € | 108.402,00 € | 190.493,00 € | 1.194.520,50 € |
| Meier | 70.125,50 € | 734.809,50 € | 87.906,00 € | 176.877,00 € | 1.069.718,00 € |
| Metzler | 74.781,50 € | 869.748,50 € | 111.751,50 € | 187.061,00 € | 1.243.342,50 € |
| Müller | 88.327,50 € | 1.025.523,00 € | 108.473,00 € | 226.047,00 € | 1.448.370,50 € |
| Reismann | 147.815,00 € | 1.489.679,50 € | 224.023,50 € | 352.444,00 € | 2.213.962,00 € |
| Schmitz | 58.384,00 € | 546.205,50 € | 73.186,50 € | 134.247,00 € | 812.023,00 € |
| Gesamt | 594.043,50 € | 6.120.172,00 € | 799.870,00 € | 1.408.131,50 € | 8.922.217,00 € |

Abbildung 7-8: Die Felder für die Matrix

Im Prinzip ist die Matrix so etwas wie eine Pivot Tabelle.

Auch eine Matrix können Sie, wie die Tabelle über das Symbol ⬚ **Visual formatieren** gestalten. In der Kategorie **Spaltenüberschriften, Zeilenüberschriften** und **Werte** können Sie die Textgröße vergrößern.

In den Kategorien **Stilvoreinstellungen** haben Sie die Wahl zwischen mehreren Mustervorlagen für Ihre Tabelle.

| Verkäufer | Belgien | Deutschland | Österreich | Schweiz | Gesamt |
|---|---|---|---|---|---|
| Adam | 2.385,00 € | 22.140,00 € | 4.455,00 € | 3.150,00 € | **32.130,00 €** |
| Huber | 3.195,00 € | 39.600,00 € | 1.755,00 € | 9.945,00 € | **54.495,00 €** |
| Meier | 3.105,00 € | 18.765,00 € | 2.700,00 € | 3.105,00 € | **27.675,00 €** |
| Metzler | 3.150,00 € | 37.485,00 € | 2.610,00 € | 8.100,00 € | **51.345,00 €** |
| Müller | 2.565,00 € | 28.800,00 € | 2.925,00 € | 6.345,00 € | **40.635,00 €** |
| Reismann | 3.015,00 € | 33.255,00 € | 7.245,00 € | 9.405,00 € | **52.920,00 €** |
| **Gesamt** | **18.990,00 €** | **191.970,00 €** | **24.300,00 €** | **45.405,00 €** | **280.665,00 €** |

Abbildung 7-9: Die gestaltete Matrix

## 7.4 Daten filtern

Im Bereich **Filter** finden Sie am ersten Filter mit dem Namen **Filter für dieses Visual** alle Felder, die Sie in das markierte Visual eingefügt haben. Wenn Sie mit der Maus auf einen der Einträge zeigen, erhalten Sie einen Listenpfeil. Über diesen Pfeil können Sie filtern.

**Hinweis**: Im vorherigen Kapitel haben Sie den Datenschnitt bereits kennengelernt. Der Datenschnitt ist auch ein Filter. Ein etwas anderer Datenschnitt wird gleich in diesem Kapitel vorgestellt.

- Klicken Sie in die erste Tabelle, die Sie erstellt haben.

Abbildung 7-10: Der Bereich für die Filter für das Tabellen-Visual

- Klicken Sie im Bereich **Filter** auf den Eintrag **Material** und aktivieren Sie unterhalb des Listenfeldes **Einfaches Filtern** einige Materialien.

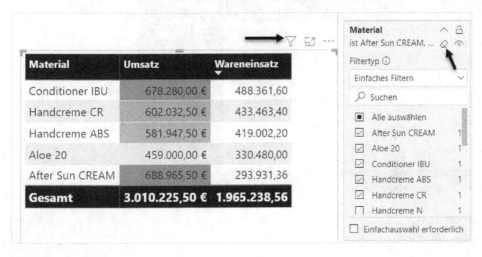

Abbildung 7-11: Der Filter im Einsatz

- Mit einem Klick auf das Symbol ◇ **Filter löschen** entfernen Sie den Filter wieder.

Das Listenfeld **Einfaches Filtern** bietet noch mehr.

- Klicken Sie auf das Listenfeld **Einfaches Filtern** und wählen Sie den Befehl **Erweiterte Filterung**.

Abbildung 7-12: Der Filter bietet noch mehr

Wählen Sie am Feld **Elemente anzeigen, wenn für deren Wert gilt:** den Eintrag **enthält nicht**.

- Geben Sie in das schwarze Feld darunter den Wert ein, der nicht in den angezeigten Elementen erscheinen soll. In diesem Beispiel das Wort **Öl**.
- Klicken Sie auf den Link **Filter anwenden**.

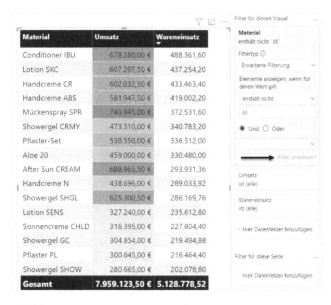

Abbildung 7-13: Der erweiterte Filter

Jetzt werden alle Materialien angezeigt, die nicht das Wort **öl** im Namen haben.

- Klicken Sie auf das Symbol ◇ **Filter löschen**, um wieder alle Materialien zu sehen.

## Nach Feldern filtern, die nicht im Visual gezeigt werden

Sie können auch nach Feldern filtern, die sich nicht in der Tabelle befinden. Dazu bietet Ihnen Power BI Desktop einen speziellen Ort an.

Abbildung 7-14: Der Platz für die Felder, die nicht im Visual sind

- Ziehen Sie das Feld **Verkäufer** in den Bereich **Hier Datenfelder hinziehen**.
- Filtern Sie ein paar Verkäufer heraus.

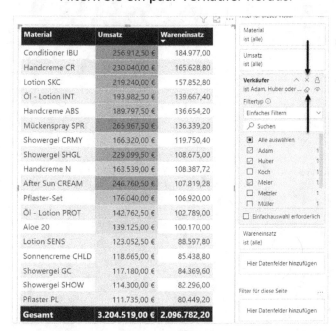

Abbildung 7-15: Nach einem Feld filtern, das nicht im Visual gezeigt wird

- Lassen Sie sich wieder alle Verkäufer anzeigen und entfernen Sie das Feld wieder aus dem Bereich.

# Der Filter auf Seitenebene

Der Filter auf Seitenebene filtert alle Visuals auf dieser Berichtsseite.

- Aktivieren Sie die Tabelle **Kundendaten** und ziehen Sie das Feld **Bundesland** in den Bereich **Filter für diese Seite** ins Feld **Hier Datenfelder hinzufügen**.

Abbildung 7-16: Den Filter auf Seitenebene aktivieren

- Wählen Sie im Bereich **Filter für diese Seite** das gewünschte Bundesland aus.

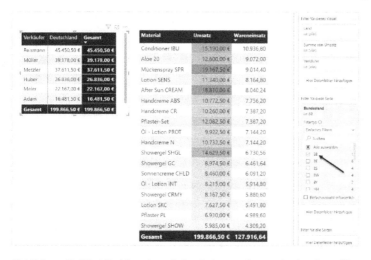

Abbildung 7-17: Alle Visuals auf der Seite nach Bundesländern filtern

Sie können also auch nach Feldern filtern, die nicht in der Tabelle sind.

- Schalten Sie alle Filter wieder aus.

## 7.5 Eine Zeitachse einfügen

Im vorherigen Kapitel haben Sie den Datenschnitt zum visuellen Filtern in Power BI Desktop kennengelernt. Es gibt da noch eine zweite Variante, nämlich das visuelle Filtern nach Datum. Die Zeitachse gibt es auch in Excel seit der Version 2013.

- Klicken Sie auf Ihre Berichtsseite. Es darf nichts markiert sein.
- Klicken Sie auf das Icon ⊞ **Datenschnitt**.
- Ziehen Sie das Feld **Datum** aus der Tabelle **Verkaufsdaten** in den Bereich **Feld**.
- Wenn Sie die Schriftgröße oder andere Darstellungen ändern möchten, dann klicken Sie auf das Symbol ⬚ **Visual formatieren**.
- Stellen Sie die gewünschte Schriftgröße in der Kategorie **Werte** ein.
- Aktivieren Sie die Kategorie Allgemein / **Titel** und erfassen Sie im Feld **Text** die Überschrift **Datumsauswahl**.
- Testen Sie Ihre Zeitachse, indem Sie am Schieberegler ziehen.

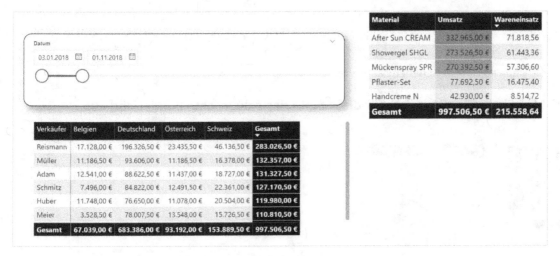

Abbildung 7-18: Der Einsatz des Schiebereglers

Wenn Ihnen das Ziehen am Balken zu mühsam ist, nutzen Sie die beiden Datumsfelder.

- Klicken Sie in ein Datumsfeld. Sie können das gewünschte Datum manuell erfassen.

Um den Filter wieder zu deaktivieren und alle Daten in den beiden Tabellen zu sehen, ziehen Sie die beiden Endbalken des Schiebereglers nach rechts bzw. nach links oder klicken Sie auf das Symbol ⬦.

- Speichern Sie Ihre Änderungen.

## 7.6 Bilder in einen Bericht einbinden

Ein weiterer Hingucker kann ein Bild in einem Bericht sein. Zusätzlich zu den beiden Tabellen und der Zeitachse soll jetzt noch ein Foto eingefügt werden.

- Aktivieren Sie das Register **Einfügen** und klicken Sie auf die Schaltfläche **Bild**.
- Wählen Sie die Bilddatei aus.

Es wird in einen separaten Rahmen auf Ihrem Bericht eingefügt. Immer wenn Sie das Bildelement markieren, sehen Sie rechts den Bereich **Bild formatieren**.

- Aktivieren Sie die Kategorie **Stil** und wählen Sie den Eintrag **Ausfüllen**.

Abbildung 7-19: Die Einstellungen zum Bild

Bringen Sie alle Elemente Ihres Berichts in die gewünschte Größe und in die gewünschte Position und fügen Sie einen Rahmen mit der Befehlsfolge **Allgemein / Effekte / Visueller Rahmen** ein. Speichern Sie Ihre Änderungen.

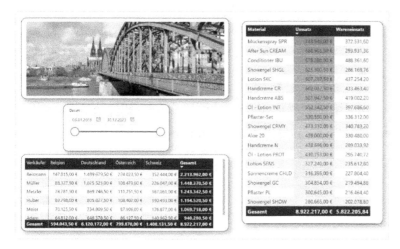

Abbildung 7-20: Die Berichtsseite ist fertig

## 7.7  Die Datumshierarchie in einer Tabelle einsetzen

Mit den Hierarchien können Sie in Ihre Daten reinblättern.

- Klicken Sie auf die Schaltfläche ➕ **Neue Seite** und geben Sie dieser neuen Berichtsseite den Namen **Hierarchie**.
- Fügen Sie auf das neue Blatt das Visual **Matrix** ⊞ ein.
- Ziehen Sie aus der Tabelle **Kalender** das Feld **Date** ins Feld **Zeilen**.
- Ziehen Sie das Feld **Umsatz** aus der Tabelle **Verkaufsdaten** ins Feld **Werte**.

Power BI Desktop löst das Feld **Date** in die vier beim Erstellen der Kalendertabelle automatisch erzeugten Zeiteinheitfelder **Jahr**, **Quartal**, **Monat** und **Tag** auf.

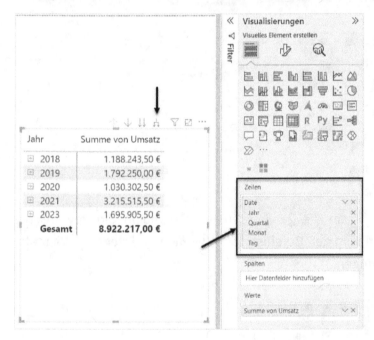

Abbildung 7-21: Die Daten werden in der obersten Hierarchieebene angezeigt

- Wenn Sie jetzt für alle Jahre die nächste Ebene, das ist das Quartal, sehen möchten, klicken Sie auf die Schaltfläche ⬇️, die Sie i.d.R. oben rechts am Visual finden.

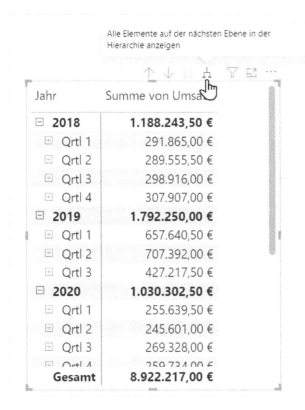

Abbildung 7-22: Dies ist die nächste Hierarchieebene

Mit einem erneuten Klick auf ⛁ gelangen Sie zur Anzeige der Monate. Mit einem Klick auf die Schaltfläche ↑ gehen Sie die Hierarchieebene zurück nach oben.

- Wenn Sie sich die Daten für nur ein Jahr anzeigen lassen möchten, klicken Sie auf das das Plus-Symbol ⊞ vor dem jeweiligen Wert.

| Jahr | Summe von Umsatz |
|---|---|
| ⊞ 2018 | 1.188.243,50 € |
| ⊞ 2019 | 1.792.250,00 € |
| ⊟ 2020 | 1.030.302,50 € |
| Qrtl 1 | 255.639,50 € |
| ⊞ Qrtl 2 | 245.601,00 € |
| ⊞ Qrtl 3 | 269.328,00 € |
| ⊟ Qrtl 4 | 259.734,00 € |
| ⊞ 2021 | 3.215.515,50 € |
| ⊞ 2023 | 1.695.905,50 € |
| Gesamt | 8.922.217,00 € |

Abbildung 7-23: Eine Ebene kann auch einzeln aufgeklappt werden

Die folgende Abbildung zeigt die Monate des 2. Quartals von 2019.

Abbildung 7-24: Die dritte Ebene der Hierarchie

Mit einem Klick auf das ⊞–Symbol vor dem Monat April werden alle Tage, an denen ein Verkauf stattgefunden hat, angezeigt.

# 8 Auswertungen mit Landkarten

Zur Darstellung Ihrer Ergebnisse bietet Ihnen Power BI Desktop mehrere Visuals, die Ihre Daten anhand ihrer geografischen Zuordnung auf Landkarten präsentieren.

Im ersten Beispiel werden die Daten nach Ländern im zweiten Beispiel nach Ortsnamen aufgeschlüsselt.

**Hinweis**: Wenn beim Erstellen der nächsten beiden Visuals eine Fehlermeldung erscheint, wählen Sie die Befehlsfolge **Datei/Optionen/Optionen/Sicherheit**. Blättern Sie nach unten und setzen Sie den Haken im Feld **Verwenden von Kartenvisuals und Flächenkartogrammen**.

Abbildung 8-1: Die Landkarten

Aktuell gibt es zwei Visuals, die Ihre Daten in Landkarten zeigen:

| | |
|---|---|
| 🗾 | Flächenkartogramm |
| 🌐 | Landkarte |

## 8.1 Die erste Landkarte hinzufügen

Mit der ersten Landkarte möchten Sie zeigen, in welchen Ländern Ihre Produkte vertrieben werden.

- Klicken Sie unten bei Ihren Berichten auf die Schaltfläche ✚ **Neue Seite**, um eine weitere leere Berichtsseite einzufügen und geben Sie ihr den Namen **Landkarten**.
- Klicken Sie bei den Visuals auf das Icon 🛡 **Flächenkartogramm**.

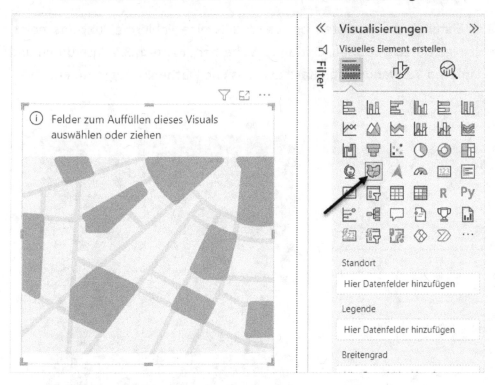

Abbildung 8-2: Die leere Kachel mit der Vorlage für das Flächenkartogramm

- Ziehen Sie aus der Tabelle **Land** das Feld **Land** in die Kategorie **Standort**.
- Vergrößern Sie die Kachel durch Ziehen an den Eckpunkten.
- Um die Landkarte zu vergrößern oder zu verkleinern, zeigen Sie mit der Maus darauf und drehen Sie am Mausrad.
- Um den gewünschten Ausschnitt zu sehen, ziehen Sie das Element innerhalb des Rahmens.

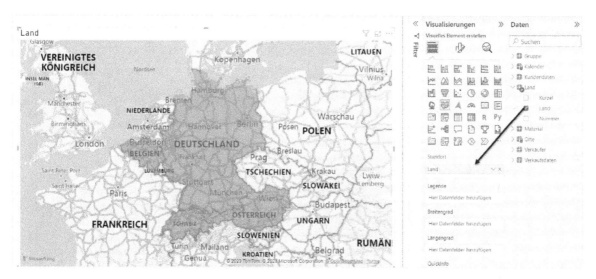

Abbildung 8-3: Die Anzeige der Länder

## Die Karte gestalten

Sie können den Ländern unterschiedliche Farben zuweisen. Zuerst sollten Sie den automatischen Zoom deaktivieren. Bei jeder Aktion ändert sich die Anzeigegröße der Landkarte automatisch. Das kann sehr nerven, immer wieder die gewünschte Größe einstellen.

- Markieren Sie Ihre Landkarte und klicken Sie auf das Symbol ✏️ **Visual formatieren**.
- Aktivieren Sie die Kategorie **Karteneinstellungen / Steuerelemente** und stellen Sie das Feld **Automatischer Zoom** auf **Aus**.
- Aktiveren Sie die Kategorie **Ausfüllfarben** und stellen Sie das Feld **Alle anzeigen** auf **Ein**.
- Jetzt können Sie für jedes Land eine individuelle Farbe wählen.
- Um den Titel auszuschalten, aktivieren Sie die Kategorie **Allgemein** und deaktivieren Sie das Feld **Titel.** Die Überschrift zum Visual wird später über ein Textfeld erzeugt.

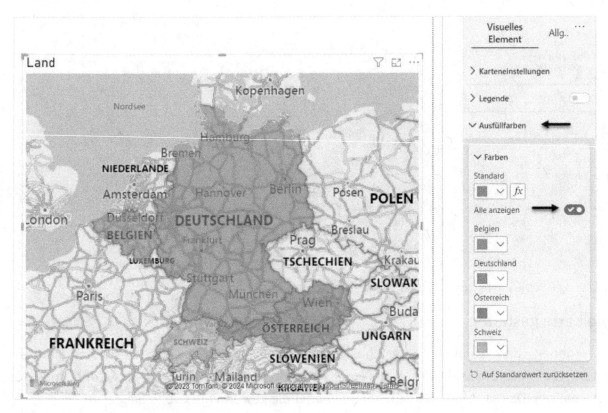

Abbildung 8-4: Jedes Land hat eine individuelle Farbe

Wenn Sie während Ihrer Präsentation die Umsätze der Länder zeigen möchten, dann müssen Sie den folgenden Schritt ausführen:

- Wechseln Sie wieder in die Darstellung der ▦ **Felder**.
- Ziehen Sie das Feld **Umsatz** aus der Tabelle **Verkaufsdaten** in die Kategorie **QuickInfo**.
- Wenn Sie jetzt mit der Maus auf ein Land zeigen, erscheinen am Mauszeiger der Ländername und der Umsatz.

Abbildung 8-5: Damit ist die erste Landkarte fertig

## 8.2 Den Umsatz pro Stadt visualisieren

Im nächsten Schritt möchten Sie den Umsatz pro Stadt sehen. Dafür eignet sich zurzeit das Visual **Landkarte**.

- Klicken Sie auf den weißen Hintergrund Ihrer Berichtsseite.
- Klicken Sie bei den Visuals auf das Icon ⬤ **Landkarte**.
- Ziehen Sie das Feld **Ort** aus der Tabelle **Kundendaten** in die Kategorie **Standort**.
- Vergrößern Sie die Kachel und lassen Sie sich den gewünschten Ausschnitt darstellen.

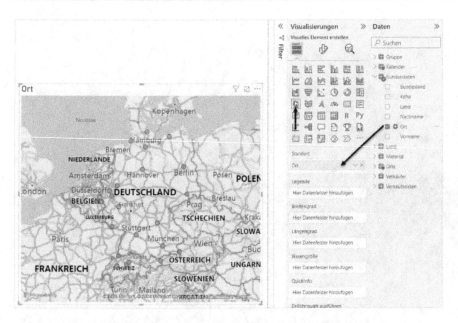

Abbildung 8-6: Die Städte aus der Kundentabelle werden in der Landkarte gekennzeichnet

Zu Beginn sind alle Blasen gleich groß. Damit die Blasen die Umsatzhöhe zeigen, führen Sie den folgenden Schritt durch:

- Ziehen Sie das Feld **Umsatz** aus der Tabelle **Verkaufsdaten** in die Kategorie **Größe**.

Abbildung 8-7: Die Größe der Blase zeigt die Umsatzhöhe

Wenn Sie jetzt auf eine Blase zeigen, erscheint neben dem Städtenamen auch der Umsatz.

## Die Landkarte gestalten

- Markieren Sie Ihre Landkarte und klicken Sie auf das Symbol 🖌 **Visual formatieren**.

- Aktivieren Sie die Kategorie **Karteneinstellungen / Stil** und wählen Sie am Listenfeld den Eintrag **Luftbild**.

- Stellen Sie weiter unten im Bereich **Steuerelemente** und stellen Sie das Feld **Automatischer Zoom** auf **Aus**.

- Aktivieren Sie in der Kategorie **Kategoriebeschriftung** die Option **Ein**. Damit lassen Sie sich die Ortsnamen in einem Label anzeigen.

- Ändern Sie die **Textgröße** der Ortsnamen auch in der Kategorie **Kategoriebeschriftung.**

- Stellen Sie über die Kategorie **Allgemein** den **Titel** auf **Aus**. Die Beschreibung erfolgt gleich über ein Textfeld.

Abbildung 8-8: Die Städte mit den Umsätzen

- Speichern Sie Ihre Änderungen.

# 8.3 Textfelder einfügen

Sie können auf Ihrem Bericht eine Beschriftung in Form eines Textfeldes einfügen.

- Klicken Sie auf dem Register **Start** auf den Befehl **Textfeld**.

Power BI Desktop fügt an der Cursorposition eine leere Kachel ein.

- Geben Sie den gewünschten Text ein und gestalten Sie das Textfeld über die kleine Symbolleiste. Dazu müssen Sie den Text vorher markieren.

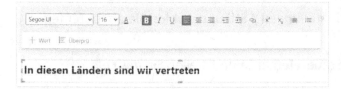

Abbildung 8-9: Die Zeichenformate werden über die kleine Symbolleiste geändert

- Im Bereich **Textfeld „Format"** finden Sie die Befehle, um das ganze Textfeld zu gestalten

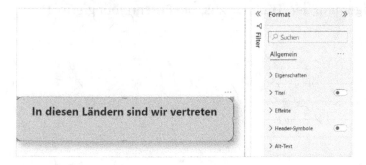

Abbildung 8-10: Das gestaltete Textfeld

- Weisen Sie, wenn Sie möchten den Textfeldern eine Füllfarbe zu. Dies machen Sie mit der Befehlsfolge **Effekte / Hintergrund**.
- Weisen Sie auch noch einen Schatten zu.

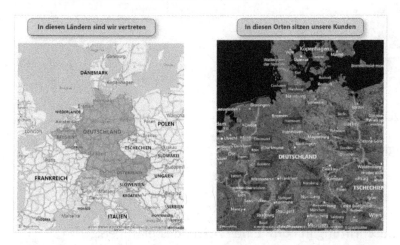

Abbildung 8-11: Der Bericht mit den Karten ist fertig

- Speichern Sie Ihre Änderungen.

# 9   Weitere Visuals installieren

Neben den bekannten Darstellungsformen wie Diagramme und Landkarten bietet Power BI Desktop eine Fülle von Visualisierungen an. Hier liegt die Stärke von Power BI Desktop.

In diesem Beispiel zeigt das Visual **WordCloud** die Begriffe an, die in einer Spalte stehen. Je häufiger ein Begriff vorkommt, desto größer ist der Text. Zur Auflockerung wurde ein Formelement eingefügt.

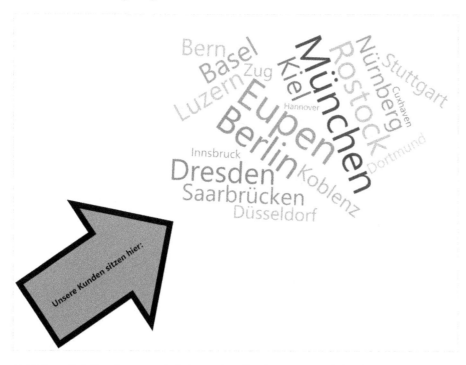

Abbildung 9-1: Das benutzerdefinierte visuelle Element WordCloud

Das zweite Custom Visual ist ein Datenschnitt, den Sie gestalten können.

**Hinweis**: Das Visual steht Ihnen nur in der aktuellen .PBIX-Datei zur Verfügung.

Power BI Desktop bietet Ihnen zwei unterschiedliche Wege an, um die Custom Visuals zu importieren. Bei der ersten Variante holen Sie das Visual aus dem Store. Sie müssen keine Datei auf Ihrem Computer laden und installieren. Sie benötigen dafür ein Microsoft-Konto. Diese Variante beschreiben wir im folgenden Abschnitt.

In der zweiten Variante laden Sie eine *.PBIVIZ Datei auf Ihren Computer und installieren sie anschließend. Die Dateien des Typs finden Sie über die Suche im Internet.

## 9.1 Das Custom Visual WordCloud installieren

In diesem Beispiel wird das Visual **WordCloud** aus dem Store geladen.

- Wählen Sie die Befehlsfolge **Einfügen / Weitere Visuals / Aus AppSource**.

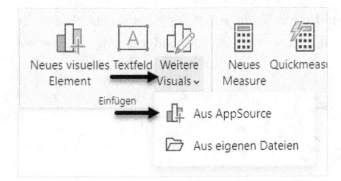

Abbildung 9-2: Benutzerdefinierte visuelle Elemente über die Registerkarte **Einfügen** erhalten

- Melden Sie sich mit Ihrem Microsoft Konto an.
- Blättern Sie durch die Angebote der Visuals oder geben Sie im Suchfeld den Begriff **cloud** ein.

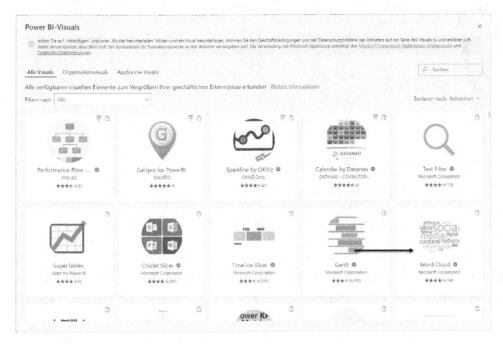

Abbildung 9-3: Die benutzerdefinierten visuellen Elemente

Sehen Sie sich die verschiedenen Kategorien einmal an. Wenn Sie auf ein Element klicken, erhalten Sie neben einer Information i.d.R. auch ein Video.

- Klicken Sie auf das Symbol von **WordCloud**

Abbildung 9-4: Das Custom Visual WordCloud downloaden

- Klicken Sie auf **Hinzufügen** und bestätigen Sie den Hinweis auf das erfolgreiche Importieren mit **OK**.

Abbildung 9-5: Das Visual ist angekommen

## Die Daten für die WordCloud

Die Daten sollen aus der Spalte **Ort** in der Tabelle **Kundendaten** genommen werden.

- Wechseln Sie in die Ansicht 📊 **Bericht.** Fügen Sie eine neue Berichtsseite ein und nennen sie **WordCloud**.

- Klicken Sie auf das Icon w **WordCloud** und aktivieren Sie anschließend in der Tabelle **Kundendaten** die Spalte **Ort**.

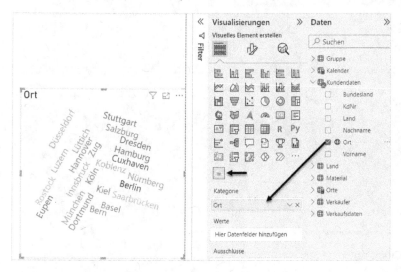

Abbildung 9-6: Die grafische Aufbereitung von Texten

Zu Beginn werden alle Begriffe der Spalte **Ort** gleichgroß dargestellt. Wenn die Größe der Orte nach ihrem Umsatz bewertet werden soll, dann müssen Sie den folgenden Schritt durchführen.

- Ziehen Sie das Feld **Umsatz** aus der Tabelle **Verkaufsdaten** in das Feld **Werte**.

Abbildung 9-7: Die umsatzabhängige Darstellung

**Hinweis**: In dem Moment, in dem Sie die Größe der Kachel ändern, werden die Begriffe neu positioniert.

Angenommen, die Orte **Köln, Lüttich, Hamburg** und **Salzburg** sollen aus der Darstellung entfernt werden.

- Lassen Sie Ihre Kachel markiert und klicken Sie auf das Symbol ⬇️ **Visual formatieren**.

- Aktivieren Sie die Kategorie **Stoppwörter** und setzen Sie die Option **Standardstoppwörter** auf **Ein**. Jetzt können Sie Begriffe eingeben, die in der WordCloud nicht erscheinen sollen.

- Erfassen Sie die folgenden vier Wörter im Feld **Wörter**: **Köln Lüttich Hamburg Salzburg**.

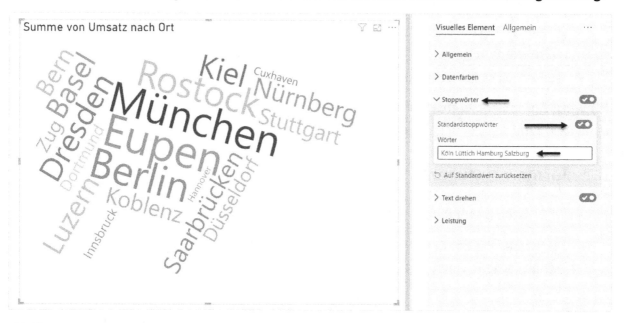

Abbildung 9-8: Bestimmte Begriffe von der Darstellung ausnehmen

Die Reihenfolge der Wörter spielt bei der Auflistung keine Rolle.

- Entfernen Sie in der Kategorie **Allgemein / Titel** die Überschrift.

- Mithilfe der Kategorie **Text drehen** bestimmen Sie, in welchen Winkeln der Text gedreht werden soll.

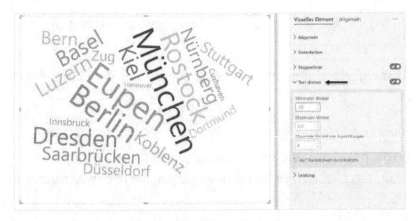

Abbildung 9-9: Die Einstellungen zum gedrehten Text

- Wenn Sie bestimmten Begriffen eine Farbe zuweisen möchten, nutzen Sie die Kategorie **Datenfarben**.

- Lassen Sie sich wieder alle Orte anzeigen und speichern Sie Ihre Änderungen.

**Hinweis**: Auf meiner Webseite finden Sie eine kostenlose Anleitung, wie Sie Ihren Text, der in einer Textdatei liegt, in der WordCloud präsentieren.

## 9.2 Formen einfügen

Power BI Desktop bietet Ihnen Formelemente, um Ihre Berichte weiter aufzupeppen.

- Aktivieren Sie das Register **Einfügen** und wählen Sie ein Formelement über die Schaltfläche **Formen**.

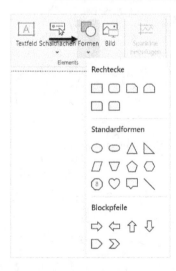

Abbildung 9-10: Die Formelemente

Nachdem Sie ein Formelement ausgewählt haben, erscheint es in einer Kachel.

Immer wenn Sie ein Formelement markiert haben, sehen Sie rechts den Bereich **Format**. Hier können Sie das Element gestalten und einen Text hinzufügen.

Für die folgende Abbildung wurden die Linien-, die Füllfarbe und die Drehung geändert.

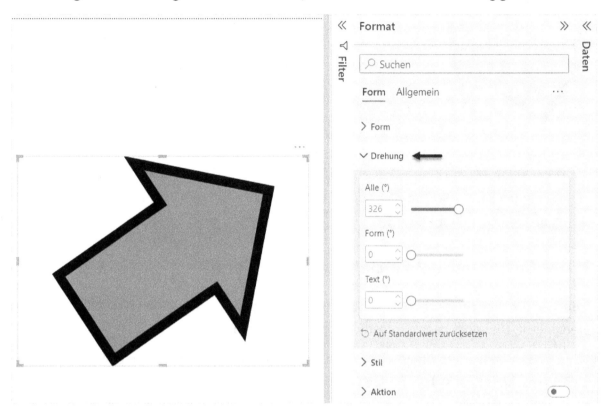

Abbildung 9-11: Ein gestaltetes Element

Sie können einen Text in das Element einfügen.

- Aktivieren Sie die Kategorie **Stil / Text**.
- Geben Sie im Feld **Text** den gewünschten Text ein und gestalten Sie ihn nach Wunsch.
- Weisen Sie dem Formelement einen **Schatten** über die gleichnamige Kategorie zu.

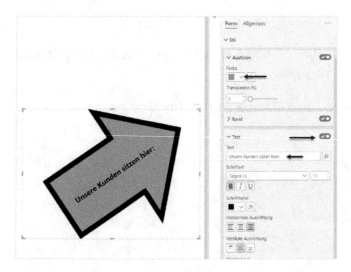

Abbildung 9-12: Im Formelement kann auch ein Text stehen

- Benennen Sie die Berichtsseite um in **WordCloud**.
- Speichern Sie Ihre Änderungen.

## 9.3 Das Custom Visual ChicletSlicer installieren

Auf der ersten Berichtsseite haben Sie den Standarddatenschnitt von Power BI Desktop kennengelernt. Dieser ist nach der Installation bereits vorhanden.

Im Store finden Sie weitere Datenschnitte. Wir möchten Ihnen hier den **ChicletSlicer** vorstellen. Dieser Datenschnitt lässt sich individuell gestalten.

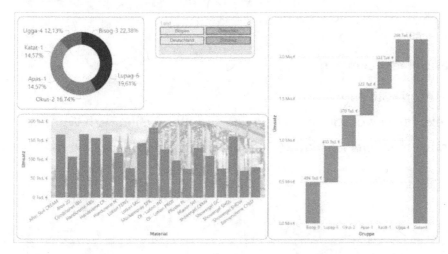

Abbildung 9-13: Das ist das Ziel: Der **ChicletSlicer** steuert alle drei Visuals

# Ein Ringdiagramm erstellen

Damit der Datenschnitt gleich auch etwas zu zeigen hat, wird als erstes Diagramm ein Ringdiagramm eingefügt.

- Fügen Sie eine neue Berichtsseite ein und nennen Sie sie **Slicer**.
- Klicken Sie bei den Visualisierungen auf das Icon ⊙ **Ringdiagramm**.
- Ziehen Sie das Feld **Gruppe** aus der Tabelle **Gruppe** in das Feld **Legende**.
- Ziehen Sie das Feld **Umsatz** aus der Tabelle **Verkaufsdaten** in das Feld **Werte**.

Das Diagramm wird erstellt und mit den Namen der Materialgruppen an den Segmenten beschriftet.

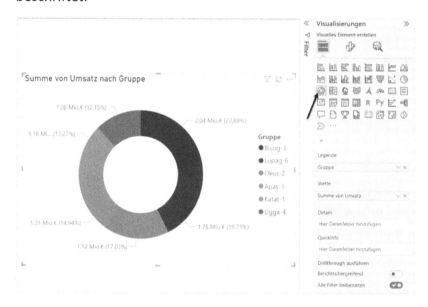

Abbildung 9-14: Ein Ringediagramm einfügen

Jetzt sollen noch ein paar Änderungen hinzugefügt werden.

- Lassen Sie das neue Element auf Ihrer Berichtsseite markiert und klicken Sie auf das Symbol 🖌 **Visual formatieren**.
- Öffnen Sie die Liste an der Kategorie **Detailbeschriftungen** und wählen Sie am Feld **Beschriftungsinhalt** den Eintrag **Kategorie, Prozent des Gesamtwerts** aus.
- Vergrößern Sie hier auch über den Eintrag **Werte** die Textgröße.
- Stellen Sie die Legende auf **Aus**.
- Öffnen Sie die Liste an der Kategorie **Segmente** und stellen Sie für jedes Segment des Rings individuelle Farben ein.

- Stellen Sie den Regler über die Kategorie **Allgemein / Titel** auf **Aus**. Damit entfernen Sie die Überschrift im Diagramm.

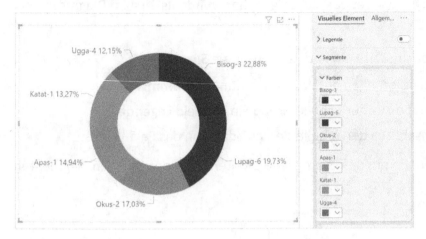

Abbildung 9-15: Das gestaltete Ringdiagramm

Damit ist der Ring fertig.

## Das Custom Visual Chiclet Slicer einrichten

Jetzt möchten Sie einen weiteren Datenschnitt einsetzen. Diesen Datenschnitt müssen Sie zuerst aktivieren.

- Wählen Sie die Befehlsfolge **Einfügen / Weitere Visuals / Aus AppSource**.
- Geben Sie im Feld **Suchen** den Begriff **Slicer** ein.

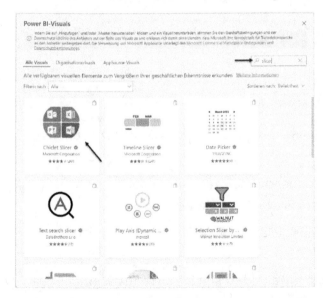

Abbildung 9-16: Die aktuellen Angebote im Store zum Thema Slicer

- Klicken Sie beim **ChicletSlicer** auf die Schaltfläche **Hinzufügen**.
- Bestätigen Sie das Hinweisfenster mit **OK**.

Nach kurzer Zeit sehen Sie bei Ihren Visualisierungen das neue Element.

- Klicken Sie auf den Hintergrund Ihrer Berichtsseite und wählen Sie anschließend das Visual **ChicletSlicer** ▦.
- Ziehen Sie das Feld **Land** aus der gleichnamigen Tabelle in das Feld **Kategorie**.
- Aktivieren Sie ein Land im Datenschnitt, um zu testen, ob das neue Element richtig arbeitet.

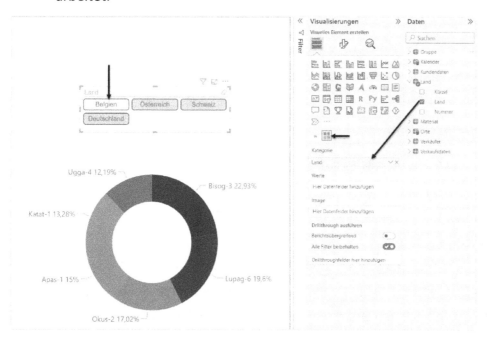

Abbildung 9-17: Der neue Datenschnitt

Jetzt soll der Datenschnitt gestaltet werden.

- Lassen Sie den Datenschnitt markiert und klicken Sie auf das Symbol 🖌 **Visual formatieren**.
- Öffnen Sie die Kategorie **Allgemein** und geben Sie in die Felder **Spalten** und **Zeilen** jeweils eine **2** ein.

**Hinweis**: Beachten Sie hierbei unbedingt, dass die Anzahl der Zeilen und Spalten auch für die Darstellung aller Werte passt. Wenn Sie in beide Felder eine 1 eingeben würden, würde nur ein Land angezeigt.

- In der Kategorie **Chiclets** können Sie u.a. die Schriftgröße, die Farben und die Rahmen der Elemente ändern. So können Sie einstellen, ob das Element die Farbe wechselt, wenn mit der Maus darauf gezeigt wird.

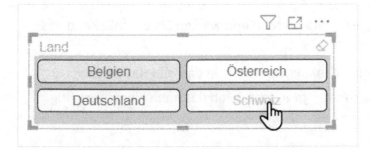

Abbildung 9-18: Der gestaltete Datenschnitt

Lassen Sie auf jeden Fall den Header aktiviert, denn nur dann können Sie den Filter mit einem Klick auf ◇ **Clear** wieder entfernen.

## Ein Säulendiagramm erstellen

Für die Berichtsseite möchten Sie mit einem Säulendiagramm die Verkäufe der Materialien visualisieren.

- Klicken Sie auf den Hintergrund Ihrer Berichtsseite und wählen Sie anschließend das Visual ⎍ **Säulendiagramm (Gruppiert)**.
- Ziehen Sie das Feld **Material** aus der gleichnamigen Tabelle in das Feld **X-Achse.**
- Ziehen Sie das Feld **Umsatz** aus der Tabelle **Verkaufsdaten** in das Feld **Y-Achse.**
- Wenn Sie die Säulen nach den Materialnamen sortieren möchten, klicken im Diagramm oben rechts auf ••• **Weitere Optionen.**
- Wählen Sie den Eintrag **Sortieren nach / Material** und anschließend die Option **Aufsteigend sortieren.**

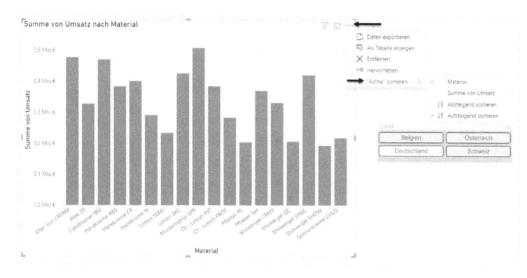

Abbildung 9-19: Das Sortieren im Säulendiagramm

- Stellen Sie den Titel noch auf **Aus** und vergrößern Sie ggf. die Schriftgrößen in den Kategorien der **Y-Achse** und der **X-Achse**. Ändern Sie auch noch die Einheiten in **Tausend**.

Sie können für dieses Diagramm auch ein Foto in den Hintergrund legen.

- Aktivieren Sie die Kategorie **Hintergrund der Zeichnungsfläche**.
- Klicken Sie auf den Text **Durchsuchen** und wählen Sie das Bild aus.
- Stellen Sie im Feld **Transparenz** die Farbintensität ein.

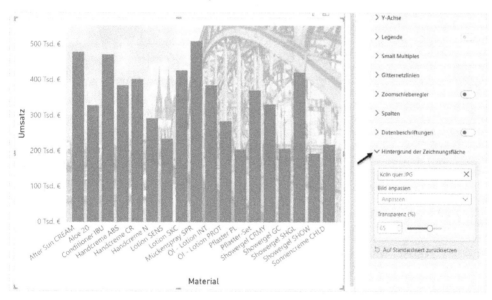

Abbildung 9-20: Die Zeichnungsfläche wird von einem Bild ausgefüllt

# Ein Wasserfalldiagramm erstellen

Nun soll noch ein Wasserfalldiagramm die Verkäufe nach Materialgruppe visualisieren.

- Klicken Sie auf den Hintergrund Ihrer Berichtsseite und wählen Sie anschließend das Visual 📊 **Wasserfalldiagramm**.
- Ziehen Sie das Feld **Gruppe** aus der Tabelle **Gruppe** in das Feld **Kategorie.**
- Ziehen Sie das Feld **Umsatz** aus der Tabelle **Verkaufsdaten** in das Feld **Y-Achse.**
- Stellen Sie den **Titel** und die **Legende** auf **Aus** und vergrößern Sie ggf. die Schriftgrößen in den Kategorien **Y-Achse** und **X-Achse**.
- Fügen Sie noch die **Datenbeschriftungen** ein. Vergrößern Sie die Schriftgröße und stellen Sie die **Anzeigeeinheiten** auf **Tausende**.

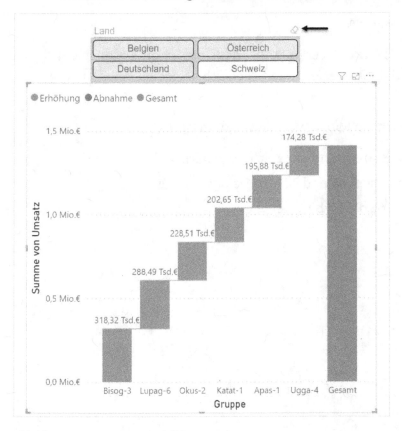

Abbildung 9-21: Das Wasserfalldiagramm

Wenn Sie den Filter im Datenschnitt wieder aufheben möchten, klicken Sie auf die kleine Schaltfläche **Clear**.

- Ziehen Sie auf der Berichtsseite alle Elemente an die gewünschte Position.

Weitere Visuals installieren

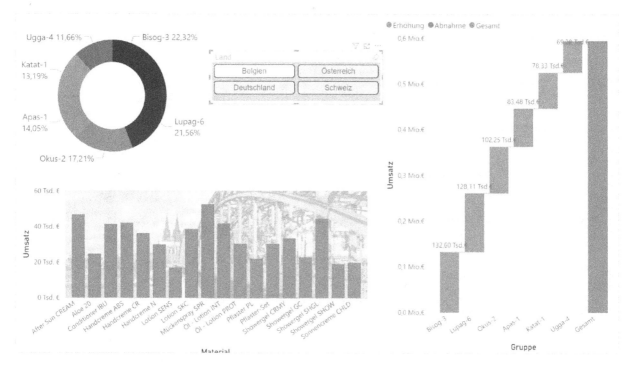

Abbildung 9-22: Den Filter aufheben

- Speichern Sie Ihre Änderungen.

Da jede Person Custom Visuals entwickeln kann, kommen laufend neue und aktualisierte Custom Visuals hinzu.

## 9.4 Custom Visual löschen

Mit einem Klick auf die drei Punkte im Bereich **Visualisierungen** und den Befehl **Visual löschen** bzw. **Visual entfernen**, erhalten Sie ein Fenster, in dem alle Custom Visuals aufgelistet sind.

Wenn Sie auf einer Berichtsseite dieses Visual einsetzten, erhalten Sie den folgenden Warnhinweis:

135

Abbildung 9-23: Ein Custom Visual löschen

In diesem Warnhinweis sehen Sie die Anzahl der betroffenen Kacheln. Das Visual und die Kacheln sind spurlos von Ihrer Berichtsseite verschwunden. Klicken Sie auf **Abbrechen**.

Dieses Buch sieht in der WordCloud so aus:

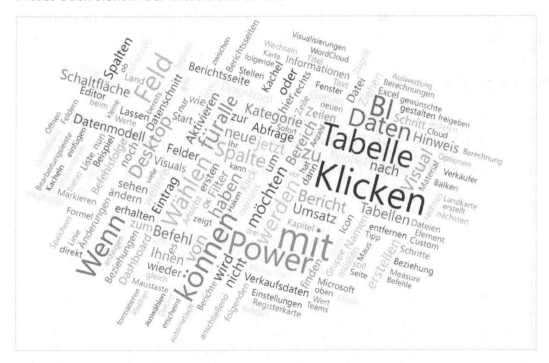

Abbildung 9-24: So haben wir unsere Bücher noch nie gesehen

# 10 Der Analysebaum

Der Analysebaum gibt Ihnen ganz schnell Antworten auf verschieden Fragen. So wäre z. B. eine Frage: Wie viel Umsatz haben unsere Kunden in **Österreich** mit dem Verkäufer **Adam** in der Materialgruppe **Lupag-6** gemacht?

Abbildung 10-1: Das Ziel: Ein Analysebaum

## 10.1 Den Analysebaum erstellen

Einen Analysebaum haben Sie im Handumdrehen erstellen.

- Fügen Sie eine neue leere Berichtsseite ein und geben Sie der Seite den Namen **Analysebaum**.

- Aktivieren Sie die Registerkarte **Einfügen** und klicken Sie auf die Schaltfläche **Analysebaum**.

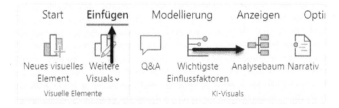

Abbildung 10-2: Das Visual **Analysebaum** auswählen

- Ziehen Sie im Bereich **Visualisierungen** das Feld **Umsatz** in den Bereich **Analysieren**.

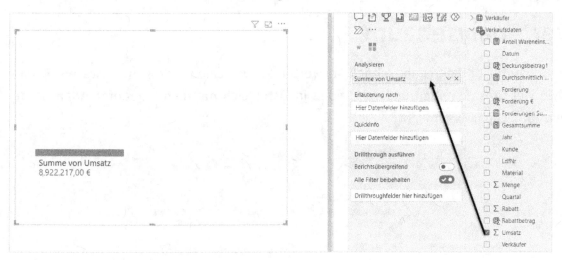

Abbildung 10-3: Den Analysebaum einrichten

Sofort wird im Visual die Gesamtsumme angezeigt.

- Ziehen Sie nun die folgenden Felder, die Sie analysieren möchten in den Bereich **Erläuterungen nach**: **Gruppe**, **Verkäufer**, **Land**, **Material** und **Nachname**.

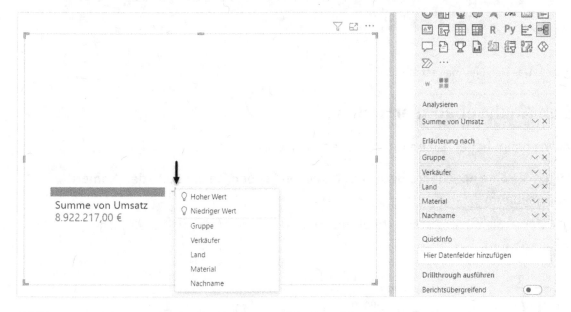

Abbildung 10-4: Die zu analysierenden Felder auswählen

Die Reihenfolge der Felder spielt keine Rolle. Sie können gleich jedes Feld an jeder Position auswählen.

## 10.2 Die Analysen durchführen

Nun können Sie die Analysen machen.

- Klicken Sie auf das Plus-Symbol hinter dem Balken **Umsatz** und wählen Sie den Eintrag **Land** aus.

Sofort öffnet sich eine Liste mit dem Titel **Land**. Darunter werden alle Länder mit ihren Umsätzen aufgelistet.

Abbildung 10-5: So schnell wird ein Feld ausgewählt

- Wenn Sie nun wissen möchten, wie viel Umsatz die Verkäufer in Österreich gemacht haben, klicken Sie hinter Österreich auf das Plussymbol und wählen Sie den Eintrag **Verkäufer**.

Sofort erkennen Sie, wie viel Umsatz pro Verkäufer in Österreich gemacht wurde.

- Lassen Sie sich nun die Gruppen für der Verkäufer Metzler anzeigen. Klicken Sie dazu auf das Plus-Symbol hinter den Namen **Metzler** und wählen Sie **Gruppe** aus. Wenn Sie nun noch die Materialien zur Gruppe **Ugga-4** sehen möchten, klicken Sie auf das entsprechende Plus-Symbol und wählen Sie **Material**.

- Wenn Sie jetzt z.B. die Daten aus der **Schweiz** sehen möchten, klicken Sie auf den Balken **Schweiz**. Sofort werden alle Ergebnisse neu berechnet und angezeigt.

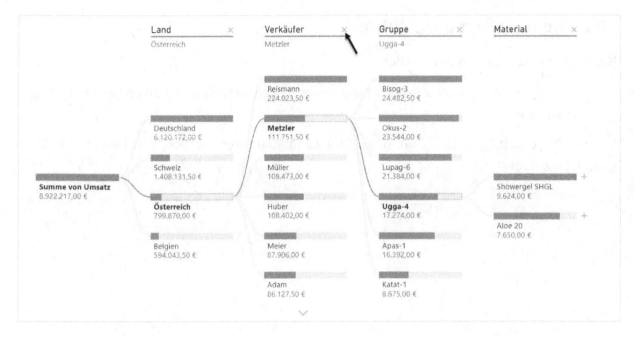

Abbildung 10-6: Eine Analyse

Wenn Sie ein Feld aus Ihrer Analyse entfernen möchten, klicken Sie auf das Kreuz hinter dem Feldnamen.

 Sehen  Lesen  Verstehen

**Sehen – Lesen – Verstehen!**
**Bei den Download-Dateien finden Sie die Links zu den kostenlosen Videos.**

Wir haben zu vielen Themen kurze, auf den Punkt gebrachte Videos erstellt. Schauen Sie doch einfach mal rein.

# 11 Berichte in der Cloud veröffentlichen

Wenn Sie Ihre Excel-Diagramme anderen Personen zur Verfügung stellen, werden i.d.R. Dateien versendet oder statische PDF-Dokumente erstellt. In Power BI Desktop nutzen Sie dazu die Microsoft Cloud.

## 11.1 Das Zugangsprozedere zur Cloud

Für die Veröffentlichung Ihrer Berichtsseiten benötigen Sie ein Microsoft-Konto. Melden Sie sich an.

- Starten Sie Power BI Desktop und öffnen Sie Ihr Datenmodell.
- Aktivieren Sie das Register **Start** und klicken Sie auf die Schaltfläche **Veröffentlichen**.

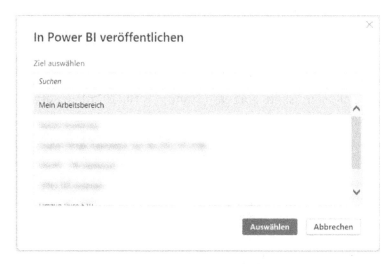

Abbildung 11-1: Den Arbeitsbereich auswählen

**Hinweis**: Wenn Sie mit Microsoft Teams arbeiten, sehen Sie in diesem Fenster neben Ihrem Arbeitsbereich auch alle Teams.

- Wenn Sie Ihre Daten in der Cloud veröffentlichen möchten, markieren Sie den Eintrag **Mein Arbeitsbereich** und klicken Sie auf **Auswählen**.

Abbildung 11-2: Den Bericht in Power BI öffnen

- Klicken Sie auf den Link **„Auswertung.pbix" in Power BI öffnen**.

Im nächsten Schritt müssen Sie sich anmelden. Sie brauchen ein E-Mail-Konto innerhalb eines Unternehmens oder einer Bildungseinrichtung.

- Geben Sie Ihre Zugangsdaten ein und klicken Sie auf **Anmelden**.

Ihr Datenmodell erscheint nun in Power BI.

**Hinweis**: Die Dienste von Microsoft Copilot müssen zurzeit (Stand: April 2024) zusätzlich kostenpflichtig zugebucht werden. Schließen Sie den Hinweis.

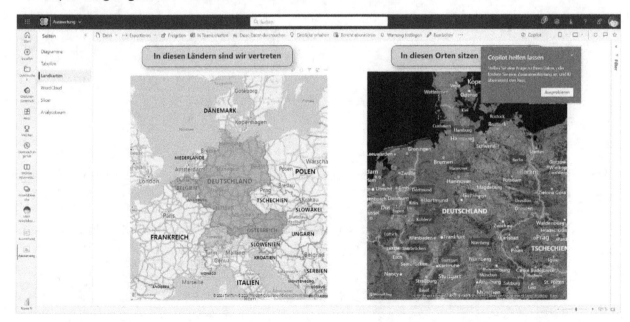

Abbildung 11-3: Ihr Bericht in der Cloud

Über den Arbeitsbereich lassen Sie sich alles anzeigen, was zurzeit in Ihrem persönlichen Cloud-Bereich geladen ist.

- Klicken Sie links im Navigationsbereich auf den Eintrag **Arbeitsbereiche** und wählen Sie den Befehl **Mein Arbeitsbereich**.

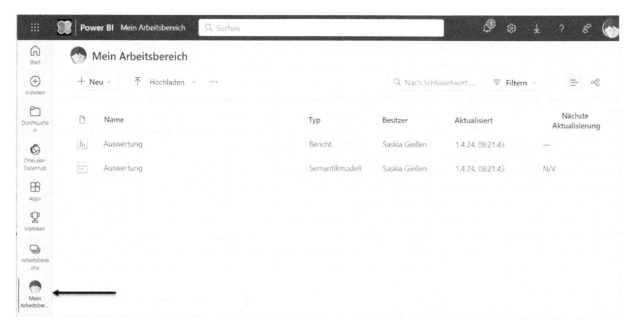

Abbildung 11-4: Die Elemente in Ihrem Arbeitsbereich

Die Berichtsseiten Ihrer Datei **Auswertung** erhalten Sie mit einem Klick auf die Zeile **Auswertung** vom Typ **Bericht**.

Die Zeile **Auswertung** vom Typ **Semantikmodell** beinhaltet alle Tabellen, Abfragen und alle Beziehungen Ihres Datenmodells aus Power BI Desktop. Darüber hinaus werden die im Modell erstellten Measures übertragen.

## 11.2 Den Bericht bearbeiten

Wenn Sie Ihren Bericht noch etwas bearbeiten möchten, dann können Sie dies direkt in Power BI machen. Die Oberfläche gleicht der in Power BI Desktop.

### Spaltentitel gestalten

- Wählen Sie **Arbeitsbereiche / Mein Arbeitsbereich**.
- Klicken Sie im Bereich **Berichte** auf die Zeile **Auswertungen**.
- Aktivieren Sie die Berichtsseite **Tabellen**.

- Klicken Sie oben auf die Schaltfläche **Bearbeiten**.
- Klicken Sie auf die Tabelle mit den drei Spalten und klicken Sie auf das Symbol ⬇ **Format**.
- Stellen Sie bei der Kategorie **Spaltenüberschriften** die gewünschte Schriftgröße und Farbe ein.

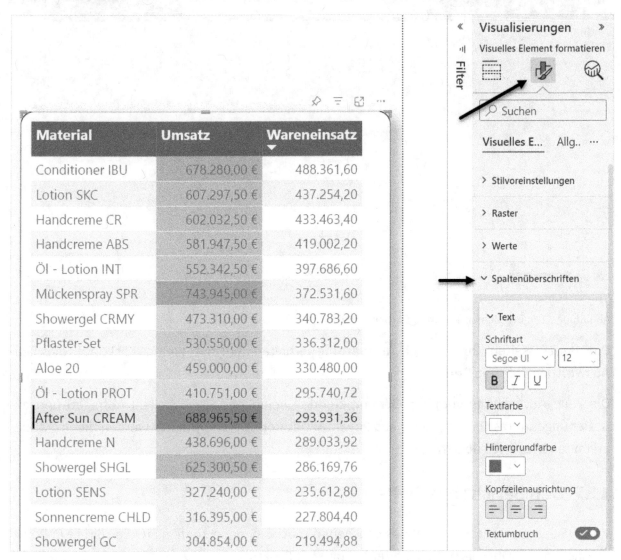

Abbildung 11-5: Die Einstellungen zu den Spaltenüberschriften

Führen Sie hier Ihre Änderungen durch. Wenn Ihnen etwas nicht gefällt, drücken Sie Strg + Z, um diese Aktion ungeschehen zu machen.

- Wenn Sie Ihre Änderungen sichern möchten, wählen Sie **Datei / Speichern**.

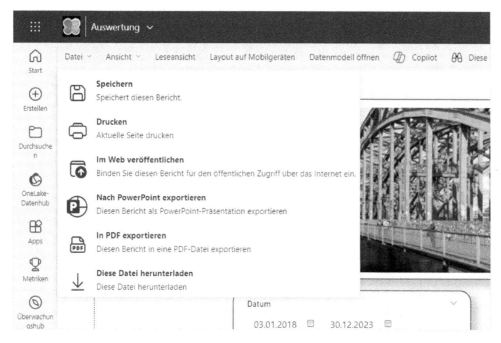

Abbildung 11-6: Die Änderungen am Bericht speichern

Es erscheint ein kleines Hinweisfenster, dass Ihre Änderungen gesichert wurden.

- Klicken Sie oben links wieder auf die Schaltfläche **Leseansicht**, um den Bearbeitungsmodus zu verlassen.

**Hinweis**: Beim erneuten Veröffentlichen Ihrer Power BI Desktop .PBIX-Datei werden die hier durchgeführten Änderungen überschrieben.

## 11.3 Den Bericht freigeben

Jetzt möchten Sie die Berichtsseiten der Datei **Auswertung** anderen Personen zur Verfügung stellen.

### Zugriff für einen Kollegen innerhalb Ihrer Organisation

Sie müssen jetzt nur einen Befehl starten und schon erzeugt Power BI für Sie die notwendigen Informationen.

- Klicken Sie auf die Schaltfläche **Freigeben**.

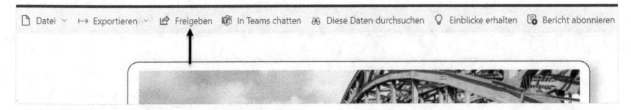

Abbildung 11-7: Die Daten anderen Personen freigeben

- Im Feld **Geben Sie einen Namen...** tippen Sie nun die E-Mail-Adressen der Personen eine, die Zugriff auf Ihre Auswertung erhalten sollen.
- Schreiben Sie, wenn gewünscht, eine kurze Nachricht.

Abbildung 11-8: Die Daten freigeben

**Hinweis**: Wenn Sie den Zugriff über eine Webseite gewähren möchten, klicken Sie auf das Icon Link kopieren und kopieren Sie ihn. Fügen Sie ihn dann auf der gewünschten Webseite ein.

- Klicken Sie auf **Senden** und schließen Sie das kleine Fenster.

Die E-Mail kommt beim Empfänger an.

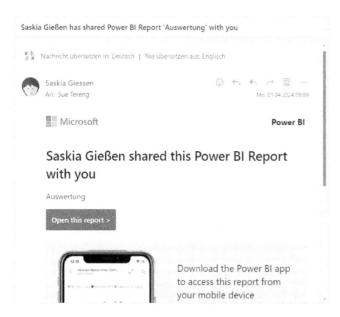

Abbildung 11-9: Die E-Mail mit dem Zugriff auf Ihre Auswertungen

Wenn der Empfänger auf den Link **Open this Report** klickt, sieht er Ihren Bericht.

Abbildung 11-10: Ihre Berichtsseiten im Internet

Wie in Power BI Desktop auch sind alle Elemente interaktiv. Wenn Sie in einem Diagramm auf einen Datenpunkt zeigen, erscheint die Quickinfo. Bei den Landkarten können Sie zoomen.

## Bericht per Mail an eine Person außerhalb Ihrer Organisation senden

Sie können auch Person außerhalb Ihrer Organisation den Zugriff auf Ihre Auswertungen gewähren. Diese Person muss ein Microsoft-Konto besitzen.

- Klicken Sie links in Navigationsbereich auf den Eintrag **Mein Arbeitsbereich**.
- Zeigen Sie auf die Zeile mit Ihrer Auswertung und klicken Sie auf die drei Punkte **Weitere Optionen**.
- Wählen Sie den Eintrag **Berechtigungen verwalten**.

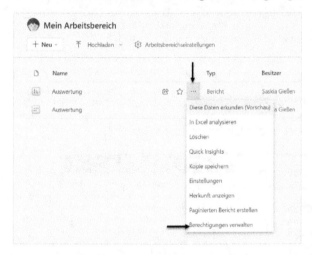

Abbildung 11-11: Die Berechtigungen einstellen

- Klicken Sie auf den Link **Direkter Zugriff**.
- Klicken Sie auf den Eintrag **Benutzer hinzufügen**.

Abbildung 11-12: In dieser Liste sehen Sie alle Personen, die Zugriff auf Ihre Auswertung haben

- Geben Sie im oberen Feld die E-Mail-Adresse der Person ein, die Zugriff erhalten soll. Dieses Konto muss ein Microsoft-Konto sein.

- Entfernen Sie die oberen beiden Haken im Fenster, schreiben Sie einen kurzen Hinweis und klicken Sie auf **Zugriff gewähren**.

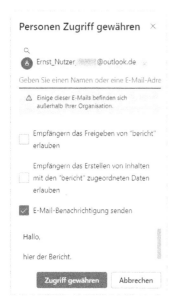

Abbildung 11-13: Die Infos zum Zugriff

- Jetzt kommt die Mail beim Empfänger an

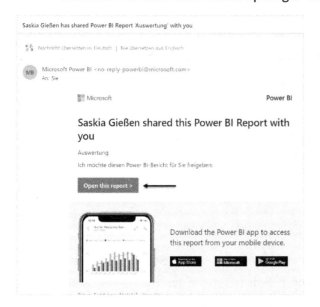

Abbildung 11-14: Die Mail mit dem Zugriff bei einer Person außerhalb Ihrer Organisation

- Der Empfänger klickt auf die Schaltfläche **Open this report**.

- Nun muss er sich noch am Microsoft-Konto anmelden und landet direkt in der Cloud.

**Tipp**: Mit einem Klick auf den Link **Weitere Informationen** am oberen Bildschirmrand kann er sich weitere Informationen zum Erwerb einer Premium-Einzelbenutzerlizenz anzeigen lassen.

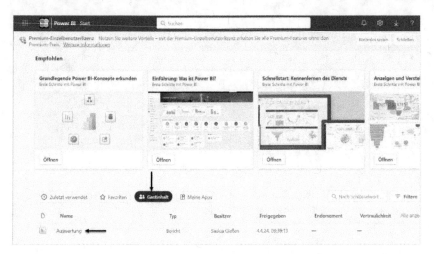

Abbildung 11-15: Er erhält viele Informationen zum Power BI Dienst von Microsoft

- Er muss auf den Eintrag **Gastinhalt** klicken und dann auf den Link **Auswertung**.

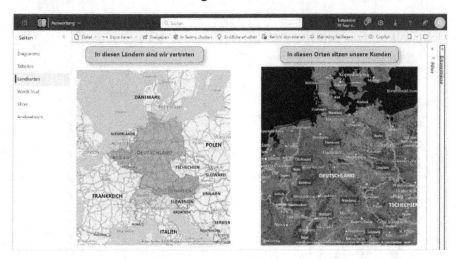

Abbildung 11-16: So sieht der Zugriff für Personen außerhalb Ihrer Organisation aus

Der externe Nutzer kann sich hier nur die Berichte ansehen. Über den Befehl Exportieren kann er alle Seiten in eine PDF-Datei oder in eine PowerPoint-Datei downloaden. Er kann keine Änderungen durchführen oder einen Zugriff auf weitere Personen verteilen.

## 11.4 Power BI Bericht im Teams Kanal veröffentlichen

Die Teams-App wird in vielen Unternehmen eingesetzt. Sie können einen Link zu Berichten und Dashboards übertragen, um sie anderen Kollegen zu zeigen.

- Klicken Sie im Power BI-Dienst dazu auf das Icon 🗐 **In Teams chatten**.
- Geben Sie im Feld **Teilen mit** den Namen oder einen Teil des Namens zu einem Team ein. Die Kanäle des Teams werden angezeigt.

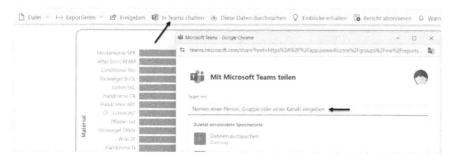

Abbildung 11-17: Den Zielort des Berichts wählen oder eintippen

- Wählen Sie den Kanal in der Liste aus oder geben Sie den Namen ein. Der Link wird generiert und angezeigt. Klicken Sie auf den Befehl **Teilen**.

Sie erhalten eine Erfolgsmeldung, wenn der Eintrag erfolgreich in Teams eingetragen wurde. In Teams wird ein Beitrag generiert, der zu diesem Power BI Bericht führt. Mit einem Klick auf die Schaltfläche **Öffnen** gelangt jedes Mitglied in Ihren Bericht.

Abbildung 11-18: Der Link im Kanal zum Power BI Bericht

**Tipp**: Mit einem Klick auf das Teams-Symbol ganz linken im Navigationsbereich von Teams gelangen Sie wieder zurück in den Kanal.

## 11.5 Power BI Bericht als Registerkarte in Teams einrichten

Über die folgenden Schritte können Sie für Teammitglieder einen Power BI Bericht als Registerkarte veröffentlichen.

- Klicken Sie dazu in einem Kanal in Microsoft Teams auf das + Icon.
- Wählen Sie die App **Power BI**.

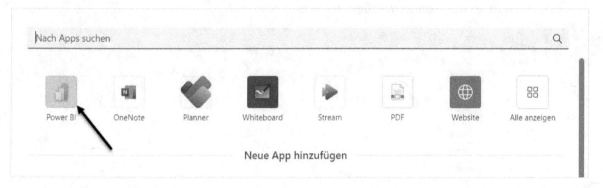

Abbildung 11-19: Eine neue Registerkarte in Microsoft Teams einrichten

- Klicken Sie auf **Speichern**, dann auf den Link **Arbeitsbereiche durchsuchen**. Im Dialogfeld **Einen Bericht, eine App oder eine Scorecard auswählen** klicken Sie auf den Eintrag **My workspace**. Wählen Sie hier Ihre Auswertung aus.

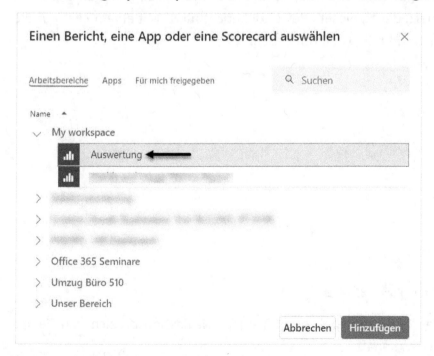

Abbildung 11-20: Die Arbeitsbereiche und Berichte werden angeboten

- Markieren Sie den Bericht in unserem Beispiel **Auswertung** und klicken Sie auf **Hinzufügen**.

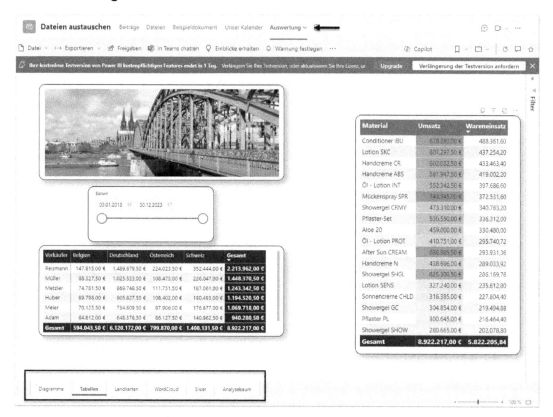

Abbildung 11-21: So sieht der Power BI Bericht bei einem Mitglied aus

## 11.6 Alle Berichtsseiten nach PowerPoint exportieren

Sie haben Ihren Bericht im Nu nach PowerPoint übertragen.

- Wählen Sie **Exportieren / PowerPoint / Bild einbetten**.

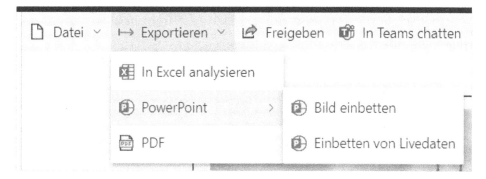

Abbildung 11-22: Den Bericht nach PowerPoint übergeben

**Hinweis:** Wenn Sie **Einbetten von Livedaten** wählen, können Sie aus Ihrer Präsentationsdatei während der Vorführung direkt die Daten des Berichts zeigen. Sie benötigen dazu in PowerPoint eine App, die Sie vorher installieren müssen.

In einem kleinen Fenster können Sie entscheiden, dass die aktuellen Werte genommen werden sollen.

Exportieren      ✕

Exportieren mit

Aktuelle Werte ⌄

☐ Ausgeblendete Berichtsregisterkarten ausschließen

☐ Nur aktuelle Seite exportieren

Exportieren      Abbrechen

Abbildung 11-23: Der Hinweis zum Export

- Klicken Sie auf **Exportieren**.

Während der Download läuft, erscheint ein kleines Hinweisfenster.

- Wenn das Fenster verschwunden ist, öffnen Sie Ihren Downloadbereich. Dort finden Sie die PPTX-Datei.
- Klicken Sie auf den Dateinamen und starten Sie den Befehl **Öffnen**.

Nach kurzer Zeit startet PowerPoint mit einigen Folien. Da die Datei aus dem Internet kommt, ist zu Beginn der Hinweis auf Viren sichtbar.

- Klicken Sie auf die Schaltfläche **Bearbeitung aktivieren**.

Die erste Seite wurde automatisch von Power BI erzeugt. Jeder Text steht in einem separaten Textfeld und kann von Ihnen verändert oder entfernt werden.

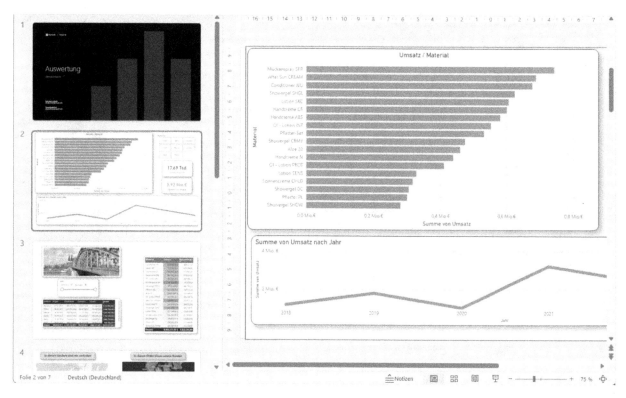

Abbildung 11-24: Ihre Berichtsseiten in PowerPoint

Jede Berichtsseite steht auf einer separaten Folie und ist ein grafisches Element.

Wenn Sie während der Präsentation mit der Maus auf ein Objekt zeigen, erkennen Sie, dass sich ein Link hinter jedem Visual und jedem grafischen Element befindet.

Wenn Sie dem Link folgen, starten Sie Power BI und gelangen auf die Power BI Webseite. Sie benötigen allerdings die Zugriffsinformationen.

- Speichern Sie Ihre Änderungen in PowerPoint.

## 11.7 Alle Berichtsseiten ins PDF exportieren

Sie haben Ihren Bericht im Nu in ein PDF-Dokument übertragen.

- Wählen Sie **Exportieren / PDF**.
- Klicken Sie auf **Exportieren**.

Während der Download läuft, erscheint ein kleines Hinweisfenster.

- Wenn das Fenster verschwunden ist, öffnen Sie Ihren Downloadbereich. Dort finden Sie die PDF-Datei.

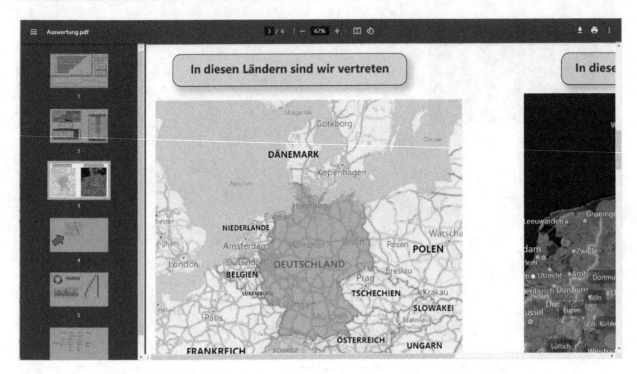

Abbildung 11-25: Das PDF-Dokument

## 11.8 Nach Excel exportieren

- Wählen Sie **Exportieren / In Excel analysieren**.

Sind alle Voraussetzungen erfüllt, wird die Excel-Datei mit den Verbindungen erzeugt.

- Nach Abschluss des Downloads erscheint ein kleines Hinweisfenster. Klicken Sie auf In **Excel für das Web öffnen**.

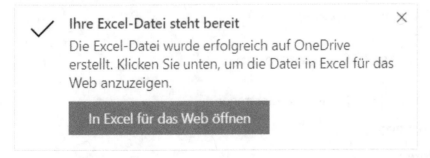

Abbildung 11-26: Die Daten werden in Excel für das Web geöffnet

Die Daten können Sie mit Pivot-Tabellen analysieren. Dabei basieren diese Daten mittels einer Verbindung in Ihren Power BI-Dienst.

Im vorliegenden Beispiel wird eine Analyse nach Verkäufern erstellt. Zur Berechnung dient das Feld **Gesamtsumme**, welches Sie als Measure in Power Bi Desktop erstellt haben.

- Ziehen Sie aus der Tabelle **Verkäufer** das Feld **Name** in den Bereich **Zeilen**.

- Ziehen Sie das Feld **Gesamtsumme** aus der Tabelle **Verkaufsdaten** in den Bereich **Werte**.

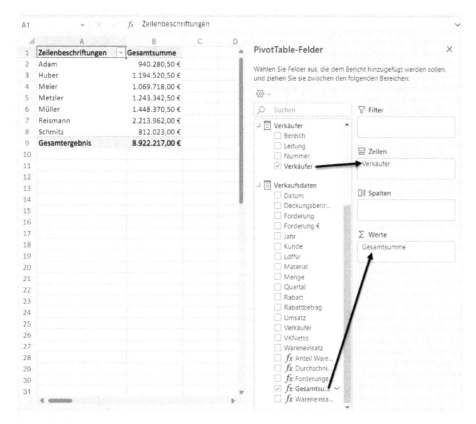

Abbildung 11-27: Die Daten des Power BI Datenmodells in Excel

Sie können sich die Verbindung in die Cloud ansehen.

- Wählen Sie die Befehlsfolge **Daten / Abfragen und Verbindungen**.

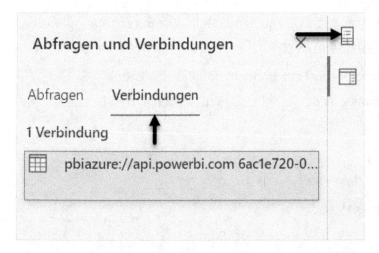

Abbildung 11-28: Die Daten für die Pivot Tabelle liegen in der Cloud

Mit einem Klick auf das Icon **PivotTable-Felder** sehen Sie wieder die Feldliste.

 Sehen  Lesen  Verstehen

---

**Sehen – Lesen – Verstehen!**
**Bei den Download-Dateien finden Sie die Links zu den kostenlosen Videos.**

Wir haben zu vielen Themen kurze, auf den Punkt gebrachte Videos erstellt. Schauen Sie doch einfach mal rein.

---

# 12 Dashboards zusammenstellen

In einem Dashboard fügen Sie Elemente Ihrer Berichtsseiten auf einem Blatt zusammen. Diese Übersicht können Sie Ihren Kollegen freigeben. Die Kollegen haben über das Dashboard auch die Möglichkeit, sich alle Berichtsseiten im Detail anzuschauen.

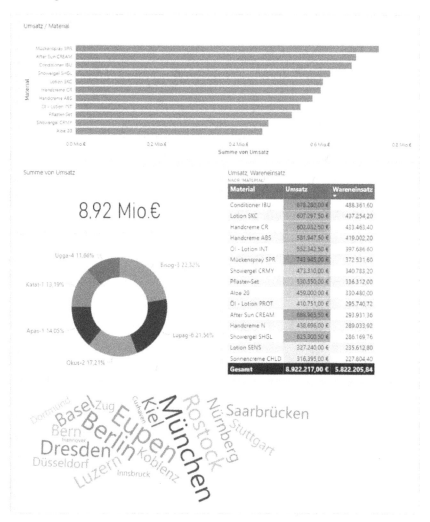

Abbildung 12-1: Ein Dashboard im Power BI-Dienst

## 12.1 Ein Dashboard manuell erstellen

Auf einem Dashboard können Sie Elemente von verschiedenen Berichtsseiten zusammenführen.

159

## Die Daten zusammenführen

Führen Sie dazu die folgenden Schritte durch:

- Klicken Sie in **Mein Arbeitsbereich** im Bereich **Berichte** auf Ihren Bericht **Auswertung**.
- Aktivieren Sie die Berichtsseite **Tabellen** und zeigen Sie mit der Maus auf eine Tabelle.

Oben rechts erscheint ein Pin-Symbol.

- Klicken Sie auf dieses Symbol ⚲ **Visualisierung anheften**.

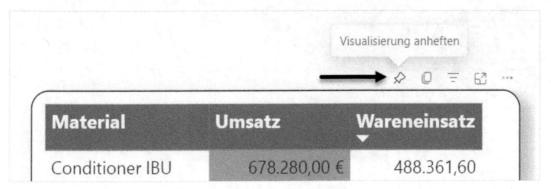

Abbildung 12-2: Das erste Element an Ihr neues Dashboard anheften

- Geben Sie Ihrem Dashboard einen Namen z. B. **Mein Dashboard** und klicken Sie auf **Anheften**.

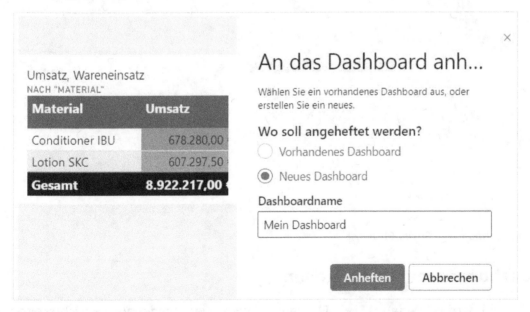

Abbildung 12-3: Ein Dashboard erstellen und das Objekt anheften

- Fügen Sie noch weitere Elemente von Ihren Berichtsseiten in das neue Dashboard **Mein Dashboard** ein.

**Hinweis**: Die Datenschnitte können Sie nicht ins Dashboard einfügen. Sie stehen Ihnen gleich aber bei der Detailansicht zur Verfügung.

## Das Dashboard anzeigen

Wenn Sie sich das Dashboard ansehen möchten, dann führen Sie den folgenden Schritt durch.

- Klicken Sie in **Meinem Arbeitsbereich** im Bereich **Dashboards** auf die Zeile **Mein Dashboard** oder wenn Sie das Hinweisfenster **An das Dashboard angeheftet** noch sehen auf den Schalter **Zum Dashboard wechseln**.

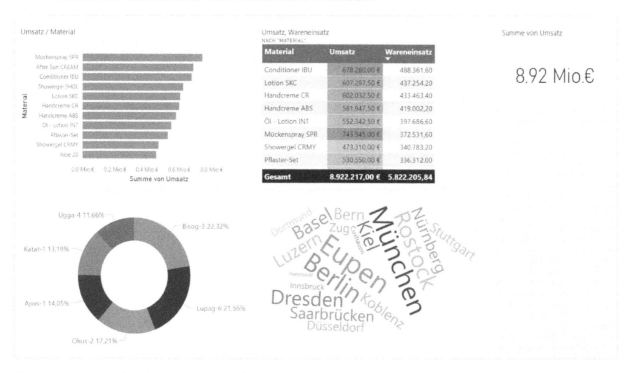

Abbildung 12-4: Das Dashboard mit den Kacheln

## Die Kacheln bearbeiten

Sie können die Position und die Größe der Kacheln verändern. Mit einem Klick auf eine Kachel wechseln Sie auf die entsprechende Seite Ihres Berichts. Über den **Zurück**-Schalter im Browser gelangen Sie wieder zum Dashboard.

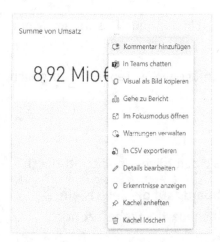

Abbildung 12-5: Über die drei Punkte starten Sie weitere Befehle zu einer Kachel

- Wenn Sie sehen möchten, wie der Bericht auf einem mobilen Gerät aussieht, wählen Sie am Symbol **Bearbeiten** den Eintrag **Layout auf Mobilgeräten**.

Abbildung 12-6: Die Ansicht Ihres Dashboards auf einem Smartphone

- Ganz rechts gelangen Sie mit dem Befehl **Weblayout** wieder zurück.

Im nächsten Schritt sollten Sie Ihr Dashboard freigeben.

## 12.2 Dashboard freigeben

Wenn Sie Ihr Dashboard freigeben möchten, benötigen Sie eine Lizenz von **Power BI Pro**. Sowohl der Absender als auch der bzw. die Empfänger benötigen diese Lizenz. Informationen dazu finden Sie im Anhang des Buches oder bei powerbi.microsoft.com.

- Öffnen Sie das Dashboard, das Sie freigeben möchten.
- Klicken Sie auf das Symbol ☞ **Freigeben**.

Im rechten Teil des Fensters können Sie nun die E-Mail-Adresse des Empfängers eingeben. Darunter erfassen Sie den Text.

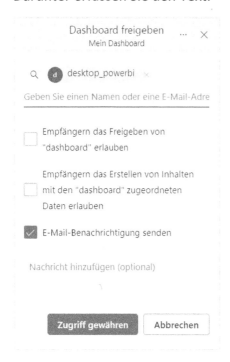

Abbildung 12-7: Optionen zur Freigabe

Über die Optionsfelder bestimmen Sie, ob der Empfänger eine E-Mail erhält und ob er das Dashboard seinerseits freigeben darf.

- Mit einem Klick auf **Zugriff gewähren** senden Sie diese E-Mail ab.

Mit einem Klick auf **Open this dashboard** öffnet der Empfänger Ihr Dashboard. Mit einem Klick auf ein Element öffnet sich die entsprechende Berichtsseite. Damit sieht der Empfänger alle Elemente auf dieser Seite.

## 12.3 Dashboards von Power BI automatisch erstellen lassen

Sie können sich ein Dashboard auch von Power BI erstellen lassen. Dazu haben Sie den Bereich Q&A (Question & Answers). Diese Art der Datenanalyse wird **Insights** genannt.

- Lassen Sie sich das gerade von Ihnen erstellte Dashboard **Mein Dashboard** anzeigen.

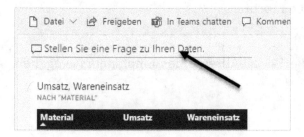

Abbildung 12-8: Der Q&A Bereich in Ihrem Dashboard

- Klicken Sie in das Feld **Stellen Sie eine Frage zu Ihren Daten**.
- Klicken Sie rechts auf den Link **Alle Vorschläge anzeigen**.

Im unteren Teil des Fensters erhalten Sie eine Auflistung von Begriffen Ihres Datenmodells.

Abbildung 12-9: Die Elemente Ihres Datenmodells

- Klicken Sie auf die Schaltfläche **what is the gesamtsumme by bundesland**.

Power BI macht aus den Informationen **Umsatz** und **Bundesland** ein Balkendiagramm.

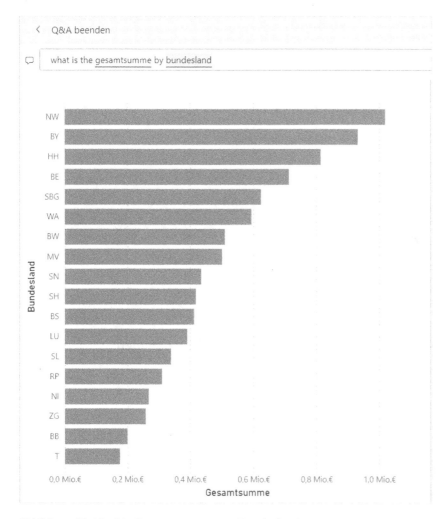

Abbildung 12-10: Die Gesamtsumme pro Bundesland

Dieses Element soll an ein neues Dashboard angeheftet werden.

- Klicken Sie oben rechts auf das Symbol **Visualisierung anheften**.
- Damit heften Sie dieses Element an Ihr Dashboard.

165

Abbildung 12-11: Ein weiteres Element anheften

- Klicken Sie auf **Anheften** und anschließend oben links auf **Q&A beenden**.

In Ihrem Arbeitsbereich sehen Sie Ihr Dashboard **Mein Dashboard** sowie das, was Power BI für Sie erstellt hat.

 Sehen  Lesen  Verstehen

**Sehen – Lesen – Verstehen!**
**Bei den Download-Dateien finden Sie die Links zu den kostenlosen Videos.**

Wir haben zu vielen Themen kurze, auf den Punkt gebrachte Videos erstellt. Schauen Sie doch einfach mal rein.

# 13 Interessante Tools

In diesem Kapitel erfahren Sie, wie Sie neue Funktionen aktivieren, die in Power BI Desktop verfügbar sind bzw. in Zukunft verfügbar sein werden.

## 13.1 Vorschaufeatures

Viele neue Features sind auf den ersten Blick nicht sichtbar. Sie müssen von Ihnen aktiviert werden, da sie offiziell nicht zur Verfügung stehen.

So haben Sie z. B. im Kapitel 5.1 die Quickmeasures kennengelernt. Bis vor einiger Zeit mussten Sie diese bei den Vorschaufeatures aktivieren. Erst dann konnten Sie mit ihnen arbeiten.

- Um sich die "versteckten" Befehle von Power BI Desktop anzeigen zu lassen, wählen Sie **Datei / Optionen und Einstellungen / Optionen**.

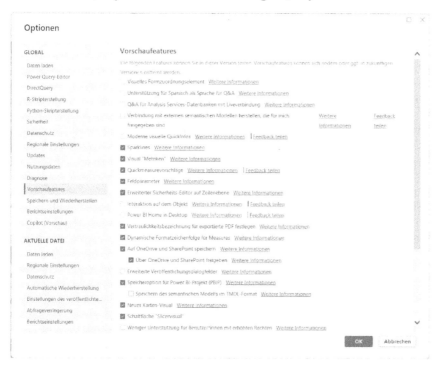

Abbildung 13-1: Die Vorschaufeatures

Sehen Sie sich nach jeder Aktualisierung von Power BI Desktop hier an, ob neue Features hinzugekommen sind.

## 13.2 Eigene Designs erstellen

Die Designs kennen Sie aus Office. Es sind Farbpaletten, die Sie selbst bestimmen können. Auf dem Register **Anzeigen** finden Sie die Auswahl zu den **Designs**.

- Mit einem Klick wählen ein fertiges Design aus. Ihre Farbwahl wird sofort auf alle Berichtsseiten übernommen. Am besten erkennen Sie Ihre Wahl auf den Seiten mit den Diagrammen.

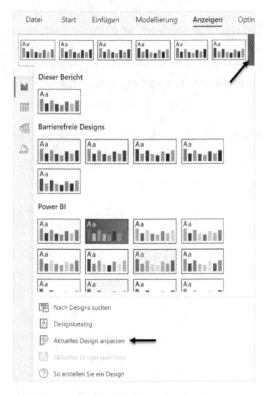

Abbildung 13-2: Das Feld zu den **Designs**

Sie können direkt aus einer großen Auswahl an Designs wählen.

### Ein eigenes Design erstellen

Sie können ein eigens Design erstellen.

**Hinweis**: Bei einigen Power BI Desktop Versionen können Sie die im Folgenden beschriebenen Schritte nicht durchführen.

- Wählen Sie den Befehl **Aktuellen Design anpassen**.
- Geben Sie Ihrem Design im Feld **Name** einen passenden Namen.

- Über die Kategorien im linken Bereich stellen Sie ein, welche Objekte Sie verändern möchten.

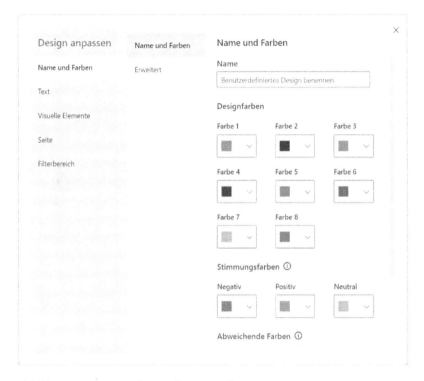

Abbildung 13-3: Die Farben selbst einstellen

## Designkatalog im Web

Auf den Webseiten von Microsoft finden Sie viel fertige Design-Ideen, die Sie sich kostenlos runterladen können. Über den Befehl **Designkatalog** können Sie sich auf einer Webseite die Farblayouts anschauen. Sehen Sie sich die verschiedenen Farbmuster an. Wenn Ihnen ein Design zusagt, klicken Sie einmal darauf. Sie erhalten jetzt weitere Informationen und können es, als JSON-Dateien herunterladen.

In unseren Beispieldateien finden Sie die Datei **Bunt.json**. Diese enthält ein fertiges Design.

**Tipp**: Sie können das Zuweisen eines Designs wieder Rückgängig machen.

- Wenn Sie Ihre Berichtsseiten umfärben möchten, wählen Sie den Befehl **Nach Design suchen**. Öffnen Sie die Datei **Bunt.json** und bestätigen Sie den Hinweis mit **OK**.
- Wechseln Sie auf die Berichtsseite **Slicer**.

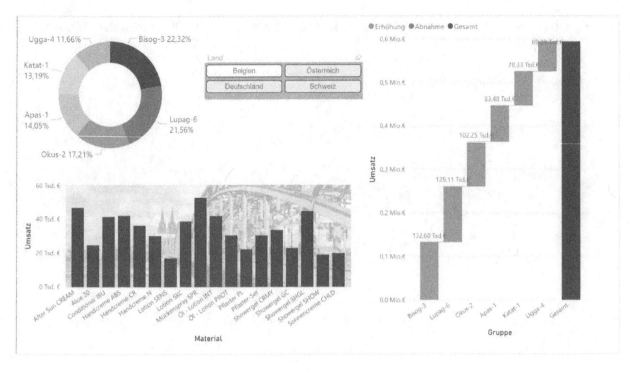

Abbildung 13-4: Ihre Auswertung mit einem bunten Design

Wenn Ihnen der neue Farbmix nicht gefällt, können Sie mit dem Befehl **Ansicht / Designs / Standarddesign** wieder zum Standardlayout zurückschalten oder Sie klicken auf die Schaltfläche **Rückgängig**.

 Sehen  Lesen  Verstehen

**Sehen – Lesen – Verstehen!**
**Bei den Download-Dateien finden Sie die Links zu den kostenlosen Videos.**

Wir haben zu vielen Themen kurze, auf den Punkt gebrachte Videos erstellt. Schauen Sie doch einfach mal rein.

# Anhang

Im Anhang finden Sie verschiedene Zusatzinformationen rund um Power BI.

## Den Startbildschirm deaktivieren

Jedes Mal, wenn Sie Power BI Desktop starten, erscheint der Startbildschirm. Für den Power BI Desktop-Einsteiger enthält er viele Informationen. Zusätzlich zeigt er die zuletzt geöffneten Dateien.

- Wenn Sie ihn nicht mehr sehen möchten, klicken Sie am unteren Rand auf den Text **Diese Seite beim Start anzeigen** und nehmen Sie damit das Häkchen heraus.

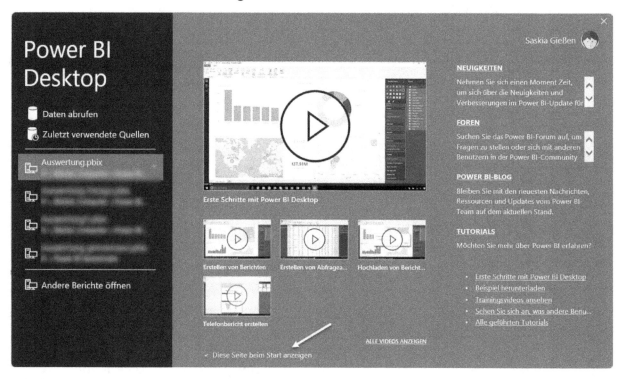

Abbildung A-1: Den Startbildschirm deaktivieren

Ab jetzt startet Power BI Desktop direkt mit einer leeren Datei.

**Hinweis**: Wenn Sie dieses Fenster doch wieder sehen möchten, wählen Sie **Datei / Erste Schritte**.

# Dezimal- und Trennzeichen einstellen

Wenn bei der Eingabe von DAX-Formeln das Trennzeichen (;) nicht erkannt wird, prüfen Sie die Einstellungen im Optionen-Fenster.

- Wählen Sie **Datei / Optionen und Einstellungen / Optionen**.
- Aktivieren Sie die Kategorie **Regionale Einstellungen**.

Abbildung A-2: Einstellungen zur Abfragesprache und DAX-Trennzeichen

- Setzen Sie die Option **Lokalisierte DAX-Trennzeichen verwenden: Listen- und Dezimaltrennzeichen werden durch die Windows-Gebietsschemaeinstellungen definiert**.
- Bestätigen Sie die Änderungen mit **OK**.

**Hinweis**: Wenn Sie die Power BI Desktop-Datei in einem internationalen Umfeld einsetzen, sollten Sie die empfohlenen Optionen setzen Abfrageschritte: **Immer Englisch** und **DAX-**

**Trennzeichen: (Empfohlen) DAX-Standardtrennzeichen Komma (,) als Listentrennzeichen und Punkt (,) als Dezimaltrennzeichen** verwenden.

## Datenquelleneinstellungen

Wenn sich eines Tages die Pfade zu den Datenquellen ändern, dann müssen Sie nicht jede Abfrage öffnen, über den Befehl **Quelle** den neuen Pfad eingeben und diese Änderung speichern. Power BI Desktop bietet Ihnen einen kürzeren Weg.

- Wählen Sie **Datei / Optionen und Einstellungen / Datenquelleneinstellungen**.
- Aktivieren Sie die Option **Datenquellen in aktueller Datei** und markieren Sie die gewünschte Abfrage.

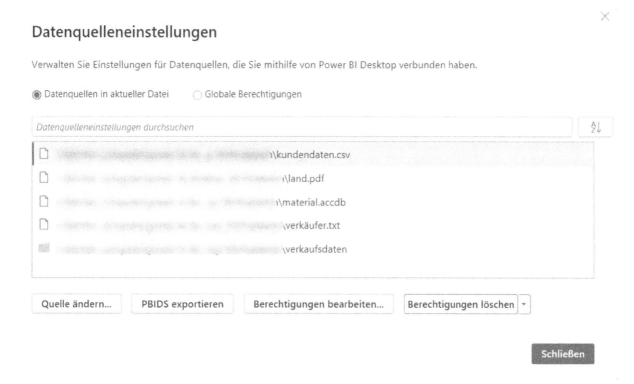

Abbildung A-3: Die Datenquelle für eine Abfrage ändern

- Markieren Sie eine Datenquelle und klicken Sie auf die Schaltfläche **Quelle ändern**.

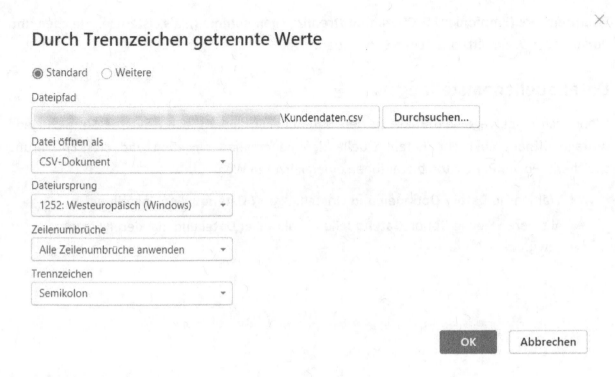

Abbildung A-4: Die Quellinformationen zur gewählten Abfrage

- Ändern Sie hier den Pfad und bestätigen Sie mit **OK**.

Sie ändern hier die Informationen außerhalb der Abfrage und sparen dadurch Zeit.

## Weitere Informationen zu Power BI und Power BI Desktop

Im Netz finden Sie verschiedene Webseiten zum Thema **Power BI** und **Power BI Desktop**. Auf dem Startbildschirm von Power BI Desktop sind direkt einige Links zu entsprechenden Webseiten.

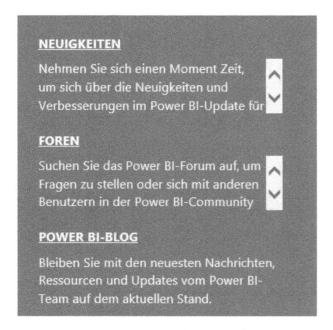

**NEUIGKEITEN**

Nehmen Sie sich einen Moment Zeit, um sich über die Neuigkeiten und Verbesserungen im Power BI-Update für

**FOREN**

Suchen Sie das Power BI-Forum auf, um Fragen zu stellen oder sich mit anderen Benutzern in der Power BI-Community

**POWER BI-BLOG**

Bleiben Sie mit den neuesten Nachrichten, Ressourcen und Updates vom Power BI-Team auf dem aktuellen Stand.

Abbildung A-5: Neuigkeiten und Foren im Web

## Produkte in Power BI

Im folgenden Abschnitt finden Sie verschiedene Komponenten rund um **Power BI**. Stand April 2024 bietet Microsoft die folgenden Produkte in der Power BI Familie an. Jedes Produkt hat eine bestimmte Aufgabe und ist für eine bestimmte Nutzergruppe gedacht.

Die Tabelle gibt in einer kurzen Beschreibung Aufschluss, wofür Microsoft das Produkt kreiert hat.

| Produkt | Informationen / Webseite |
|---|---|
| Power BI Desktop | ist die Desktop-Anwendung, um auf dem lokalen Rechner ein Datenmodell und zugehörigen Berichte zu erstellen. <br> https://powerbi.microsoft.com/de-de/desktop/ |
| Power BI Pro | Mit dem Power BI Dienst können Sie Berichte ohne komplizierte Einrichtung für Kollegen freigeben und an sie verteilen. Für die Freigabe ist Power BI Pro erforderlich. <br> https://powerbi.microsoft.com/de-de/power-bi-pro/ <br> Die Preise für Power BI Pro entnehmen Sie den |

| Produkt | Informationen / Webseite |
|---|---|
| | Informationen aus der Webseite: https://powerbi.microsoft.com/de-de/pricing/ Diese Version ist in der Microsoft 365 E5-Lizenz bereits enthalten. |
| Power BI Premium | Der Power BI Premium Dienst stellt die Power BI Kapazitäten für alle Benutzer im Unternehmen bereit: https://powerbi.microsoft.com/de-de/power-bi-premium/ Die Preise für Power BI Premium entnehmen Sie den Informationen aus der Webseite: https://powerbi.microsoft.com/de-de/pricing/ |
| Power BI Eingebettet (Embedded) | Mit Power BI Embedded können Sie Ihre Berichte und Dashboards in Ihre eigene App einbetten. Weitere Informationen finden Sie auf der folgenden Webseite. https://powerbi.microsoft.com/de-de/power-bi-embedded/ |
| Power BI Berichtsserver | Der Power BI-Berichtsserver dient zur lokalen Bereitstellung von Berichten. Sie können Power BI-Berichte innerhalb der Firewall Ihrer Organisation bereitstellen und verteilen. https://powerbi.microsoft.com/de-de/report-server/ https://docs.microsoft.com/de-de/power-bi/report-server/get-started |

# Index

## Power Query

Dieses Handbuch beschreibt die vielfältigen Möglichkeiten von Power Query mit Excel. Es richtet sich an alle Anwender, die ihre Daten ohne manuelle Bearbeitung oder Programmierung komfortabel abrufen und für die spätere Analyse aufbereiten möchten.

Power Query ist auch Bestandteil von Power BI Desktop und Power BI. So können Sie die Schritte auch in den BI Tools von Microsoft einsetzen.

ISBN-13: 979-8624964655| Amazon.de

## Dashboards und Reports

Eine Einführung von der Planung bis zur Erstellung von statischen, dynamischen und interaktiven Dashboards.

Dieses Handbuch ist die begleitende Unterlage zum Seminar "Dashboards und Reports" und richtet sich an alle Anwender, die Ideen und die entsprechenden Schritte zur Umsetzung eigener Dashboards erhalten möchten.

ISBN-13: 978-1726444903 | Amazon.de

## Pivot-Tabellen: Eine leicht verständliche Einführung in die Arbeit mit Pivot-Tabellen in Excel

Dieses Buch enthält eine leicht verständliche Einführung in das Thema Pivot-Tabellen in Microsoft Excel und richtet sich an alle Anwender, die ihre Daten professionell mit Pivot-Tabellen auswerten möchten.

Die Beispieldateien können Sie über die im Buch angegebene Webseite abrufen, um die Beispiele am PC zu testen.

 Über 100 Seiten Bonuskapitel im PDF-Format und unterstützende Videos für Ihren Lernerfolg.

ISBN-13: 979-8877706071| Amazon.de

# Link zu den Youtube – Videos

 Sehen  Lesen  Verstehen

www.ingramcontent.com/pod-product-compliance
Lightning Source LLC
La Vergne TN
LVHW062317060326
832902LV00013B/2274